Present

to _____

프롤로그

시간은 상처를 치유하는 힘이 있습니다.
시간이 이겨내지 못하는 상처는
신의 영역입니다.
그런 의미에서
시간은 신이 인간에게 허락한 특별한 선물입니다.

글쓰기의 치유력도 시간 못지않습니다.
어떤 슬픔도 글로 쓰여질 수만 있다면 견뎌낼 만하다고
『아웃 오브 아프리카』의 작가 카렌 블릭센은 말합니다.

신이 주신 최고의 선물이 시간이라면
글쓰기는 그 선물에 대하여
인간이 보일 수 있는 최선의 반응입니다.
시간을 기록하는 매체인 다이어리와
글쓰기의 산물인 책이 결합되는 것은
그래서 제법 잘 어울리는 조합입니다.
둘 다 우리를 치유하고 우리 내면의 공간을 넓고 깊게 만드는
놀라운 힘을 지니고 있기 때문입니다.

『Present』는 독자 여러분의 시간을 독자 여러분의 글로 채워보도록
권하는 마음을 담아 만들었습니다.
비록 지금은 저의 보잘것없는 글만이 실려 있지만, 마침내는 여러분들의 진심이
이 다이어리를 가득 채우게 되기를 소망합니다.

글을 쓰는 과정에서 많은 분들에게 분에 넘치는 도움을 받았습니다.
특히 혼자서 읽고 생각하고 글을 쓸 수 있도록 세상에서 가장 멋진 작업실을
마련해주신 제 인생의 도반에게 존경과 감사의 마음을 전합니다.

『Present』의 인세는 그동안 제가 받아온 관심과 사랑에
보답하는 마음으로 기부하려 합니다.

행복은
현재에 존재하는 즐거움을 '발견'하고
과거에 존재했던 고마움을 '기억'하고
미래에 다가올 기쁨을 '기대'하는 마음 상태입니다.

『Present』가 발견하는 행복, 기억하는 행복, 그리고 기대하는 행복에
조금이나마 도움이 되기를 소망하면서.

판교 Eco Hub에서
최인철

from _____

한결같은 사람

20

01 02 03 04 05 06 07 08 09 10 11 12

	sunday	monday	tuesday
MEMO	—	—	—
	—	—	—
	—	—	—
	—	—	—
	—	—	—

wednesday	thursday	friday	saturday
—	—	—	—
—	—	—	—
—	—	—	—
—	—	—	—
—	—	—	—

올 한 해 당신은 누구입니까?

마음속에 한결같은 뜻이 있는 사람은 행복합니다.

"내 안에 너 있다"의 마음 상태,

즉 관심의 상태가 항상 자신을 지배하기 때문입니다.

아침에 눈을 뜨는 순간부터 잠자리에 드는 순간까지

오롯이 한 주제만을 생각하기 때문에 그의 눈빛은 깊어질 수밖에 없습니다.

심리학에서는 이런 상태를 몰입의 상태라고도 하고,

오랜 기간에 걸쳐 뚝심이 발휘되는 경우에는 집념(GRIT)이라고도 합니다.

어떻게 하면 한결같은 사람이 될 수 있을까요?

한 가지 방법은 내 정체성을 분명히 하는 것입니다.

누군가를 사랑하고 돕고자 하는 사람은

자기 자신을 '키다리 아저씨'라고 규정하면 됩니다.

자신이 보낸 사랑과 관심에 대하여 상대가 몰라주더라도

자신을 키다리 아저씨라고 정의 내리면 한결같을 수 있습니다.

자신을 '공부하는 사람'이라고 정의해보세요. 공부하게 됩니다.

자신을 '노는 사람'이라고 규정해보세요. 인생이 재미날 것입니다.

쉽지 않을 것 같으면 그 앞에 '미친 척하고'를 넣어보세요.

"미친 척하고 키다리 아저씨 되기"

"미친 척하고 공부하는 사람 되기"

(참고로 작가 제이콥스는 미친 척하고 성경 말씀대로 1년을 살아보았다고 합니다.)

우리는 "어떻게 살 것인가?"에 대한 많은 계획으로 한 해를 시작합니다.

올해는 "나는 누구인가?"에 대한 답을 정하고 시작해보는 게 좋겠습니다.

올 한 해 당신은 누구입니까?

올 한 해 당신은 누구이고 싶습니까?

01 02 03 04 05 06 07 08 09 10 11 12

☐   ☐   ☐   ☐   ☐   ☐   ☐   ☐   ☐   ☐   ☐   ☐

mon

☐

☐

☐

tue

☐

☐

☐

wed

☐

☐

☐

.

.

.

.

thu

☐

☐

☐

fri

☐

☐

☐

sat

☐

☐

☐

sun

☐

☐

☐

*

*

*

*

'자기'가 명료한 사람

명료(明瞭)—뚜렷하고 분명하다

자기가 누구인지를 명료하게 아는 사람이 행복합니다.
캐나다 브리티시컬럼비아 대학의 제니퍼 캠벨 교수 팀이 연구한 결과에 따르면
자기가 명료하지 않은 사람은 다음과 같은 심리적 경험을 자주 한다고 합니다.

내가 생각하는 나는 어제 다르고 오늘 달라서 하나로 규정하기가 어렵다.
내 안에는 서로 상충하는 면이 많다.
내가 진짜로 원하는 것이 무엇인지 몰라서 결정하기가 어려울 때가 많다.
다른 사람들에게 내가 어떤 사람인지를 말해주기가 쉽지 않다.

이런 경험을 자주 하는 사람들은 자존감이 낮을 뿐만 아니라
행복 수준도 낮습니다.
자기가 누구인지, 그리고 자기가 진정 원하는 것이 무엇인지가 늘 불분명하다면
마치 도수가 안 맞는 안경을 쓰고 세상을 사는 것과 같습니다.
행복하기가 어려울 수밖에 없는 것입니다.

몇 해 전에 저희 연구 팀이 수행한 비교 문화 연구에 따르면
아쉽게도 한국 사람들의 자기 명료성은 낮은 편입니다.
여기에는 여러 가지 이유가 있지만,
가장 근본적인 이유로는 "나는 누구인가"라는 질문 자체가
그동안 중요하게 다루어지지 않았다는 점을 들 수 있습니다.

우리 문화에서는 내가 누구이며 내가 원하는 것이 무엇인지를 아는 것보다,
내가 속한 집단이 어디이며 우리 집단이 원하는 것이 무엇인지를 아는 것을
더 중요하게 여겨왔습니다.

'소아(小我)를 희생해서 대아(大我)를 추구하는 것'이 이상적인 삶이었기 때문에
자신의 상사가 점심 메뉴로 뭘 먹고 싶은지는 알아도
자기가 점심에 뭘 먹기를 원하는지는 모르는 기현상이 생겨난 것입니다.
우리나라에 점집이 많은 이유 중 하나도 우리의 자기 명료성이 낮기 때문입니다.
최근의 인문학 열풍도 어떻게 보면 뒤늦게나마 자기를 명료하게 보려는
노력의 일환인지도 모르겠습니다.

행복은 세상을 명료하게 보는 데 있습니다.
명료하게 바라보아야 할 가장 중요한 대상은 바로 자기 자신입니다.

01 02 03 04 05 06 07 08 09 10 11 12
☐   ☐   ☐   ☐   ☐   ☐   ☐   ☐   ☐   ☐   ☐   ☐

mon

☐

☐

☐

tue

☐

☐

☐

wed

☐

☐

☐

.

.

.

.

thu

☐

☐

☐

fri

☐

☐

☐

sat

☐

☐

☐

sun

☐

☐

☐

.

.

.

.

글 쓰는 사람이 행복하다

무라카미 하루키의 에세이 『샐러드를 좋아하는 사자』에 나오는 멋진 문장입니다.

> 사람에게 가장 중요한 것은 지식 그 자체가 아니라 지식을 얻고자 하는
> 마음과 의욕일 터, 그런 것이 있는 한 우리는 자신이 자신의 등을 밀어주듯이
> 앞으로 나아갈 수 있다.

자신이 자신의 등을 밀어주듯이.
처음 접한 순간 저도 모르게 소름이 확 돋고 말았던 표현입니다.
내가 아무리 나의 정체성을 잘 정해놓는다 해도 지칠 때가 있습니다.
그럴 때 누군가가 내 등을 밀어주면 좋겠지만, 만약 내가 내 등을 스스로 밀어서
나아갈 수 있다면 몇 배는 더 근사할 것 같습니다.

제임스 페네베이커라는 심리학자의 연구에 따르면
내가 나의 등을 밀어주는 것과 같은 엄청난 내면의 힘이
우리가 글을 쓰는 순간에 나온다고 합니다.
글을 쓴다는 건 자신에게 시비를 거는 작업입니다.
절망이 찾아올 때 글을 쓰면 내 안의 희망이 절망에게 시비를 겁니다.
누군가에 대한 실망과 분노가 끓어오를 때 글을 쓰면 내 안의 겸손과 용서가
실망과 분노에게 시비를 겁니다.
"그럴 수도 있지"라는 깨달음이 글쓰기를 통해 생겨납니다.

올 한 해 우리의 정체성으로 '글 쓰는 사람' 어떤가요?

01 02 03 04 05 06 07 08 09 10 11 12

☐ ☐ ☐ ☐ ☐ ☐ ☐ ☐ ☐ ☐ ☐ ☐

mon

☐

☐

☐

tue

☐

☐

☐

wed

☐

☐

☐

.

.

.

.

thu

☐

☐

☐

fri

☐

☐

☐

sat

☐

☐

☐

sun

☐

☐

☐

·

·

·

·

자기 복잡성 — 복잡해도 명료할 수 있다

　모든 달걀을 한 바구니에 담지 마라.

이는 개미 투자자들이 종종 듣게 되는 투자 조언 중 하나입니다.
쉽게 말해서 한 종목에만 올인 하지 말고 투자 대상을 다양화하라는 것입니다.
이 표현의 어원이 무엇일까 궁금해서 여기저기 찾아봐도 정확한 정보는
찾기 어려웠습니다.
아마도 수백 년 전 어느 농부가 모든 달걀을 한 바구니에 넣고 가다가
실수로 죄다 깨트리기라도 했던 모양입니다.

이 투자 원칙이 가장 중요하게 적용되어야 하는 영역이 '자기'입니다.
어떤 사람들은 자기 자신에 대하여 단 하나의 정체성만 가지고 있습니다.
예를 들어 어느 교사가 "나는 교사다"라는 생각만을 가지고 있다고 해보겠습니다.
그는 교사로서의 삶 외에 다른 것을 생각할 수 없습니다.
얼핏 보기에는 소명의식이 강하고 자기 직분에 충실한 사람이기 때문에
별 문제가 없어 보입니다. 그러나 만일 교사로서의 자기 삶에
문제가 생기게 되면, 이 사람의 삶 전체가 흔들리게 됩니다.

반면에 똑같이 교사이지만 "나는 교사다"라는 정체성뿐 아니라
"나는 조기 축구회의 총무이다", "나는 교회 집사이다",
"나는 여행 동호회 일원이다"처럼 다양한 정체성을 가지고 있는 교사는
교사로서의 삶에 문제가 생겨도 견뎌내는 힘이 있습니다.
마치 한 종목에서 실패했다고 해서 주식 투자 전체를 실패한 것은
아니듯 말입니다.

심리학에서는 이를 자기 복잡성이라고 부릅니다.
자기 복잡성이 강한 사람들이 스트레스 상황에서 잘 견뎌냅니다.
부자가 망해도 3년은 가듯이, 한 영역에서 실패해도
다른 영역의 '자기'가 버텨주기 때문에 견딜 수 있습니다.

모든 달걀을 한 바구니에 담지 않는 것처럼
자신의 정체성을 오직 한곳에서만 찾지 마세요.
행복한 삶을 위해서는 다양한 모임에 소속되어
다양한 정체성을 갖는 것이 좋습니다.

01 02 03 04 05 06 07 08 09 10 11 12
☐ ☐ ☐ ☐ ☐ ☐ ☐ ☐ ☐ ☐ ☐ ☐

mon

☐

☐

☐

tue

☐

☐

☐

wed

☐

☐

☐

.

.

.

.

☐

☐

☐

☐

☐

☐

☐

☐

☐

☐

☐

☐

Happy Check List

□ 이번 달 나의 하이라이트

□ 나를 행복하게 만든 것

□ 남을 행복하게 만든 것

□ 기타

Happy Note !

시간을 거꾸로 살아보기

20

01 02 03 04 05 06 07 08 09 10 11 12

	sunday	monday	tuesday
MEMO	—	—	—
	—	—	—
	—	—	—
	—	—	—
	—	—	—

wednesday	thursday	friday	saturday
—	—	—	—
—	—	—	—
—	—	—	—
—	—	—	—
—	—	—	—

시간을 거꾸로 살아보기

02학번 제자를 만난 적이 있습니다. 벌써 나이 서른을 넘겼지만
제 눈엔 아직도 어린애처럼 보이는, 많이 아끼는 제자입니다.
식사 도중에 그 제자가 갑자기 "교수님은 리즈 시절이 언제세요?"라는 질문을
던졌습니다. "리즈 시절?" 처음 들어보는 말이었지만 아마도 잘나가던 시절이나
전성기 혹은 외모가 고왔던 시절, 뭐 이런 뜻이 아닐까 싶어서
대충 언제였던 것 같다고 얼버무렸습니다. 나중에 인터넷 검색을 해보니
영국 프리미어리그에서 한참 잘나갔던 리즈 유나이티드라는 팀 이름에서 유래한
말이라고 하는데 한마디로 전성기, 특히 외모의 전성기를 의미한다고 합니다.
평소에 한 번도 생각해본 적은 없었지만 그래도 나름의 리즈 시절에 대해서
한참 떠들고 나니까 기분도 상당히 좋아지고 더 젊어진 듯한 느낌이 들었습니다.

그날 제가 젊어진 듯한 느낌을 받았던 데에는 근거가 있는 것 같습니다.
하버드 대학 심리학과의 엘렌 랭거 교수 팀은 1981년에 독특한 연구 하나를
진행했습니다. 연구자들은 70대 노인 8명을 낯선 곳으로 데려갔습니다.
1959년의 모습을 완벽하게 재현해놓은 곳이었습니다.
실내의 모든 가구와 전자 제품들도 1950년대 물품들로만 갖추어놓았습니다.
뿐만 아니라 그들이 현재 자기의 나이를 인식하지 못하도록
거울도 설치하지 않았고, 1959년 당시에 유행하던 옷을 제공했습니다.
그러고는 이들에게 "22년 전의 자신으로 살아보라"라고 지시했습니다.
이들은 매일 1959년 당시의 스포츠 게임에 대해서 이야기했고,
그 무렵의 시사 사건들에 관해 '현재형'으로 이야기했습니다.

그 결과 놀랍게도 노인들의 건강이 좋아졌습니다.

몸의 자세도 좋아지고 시력도 향상된 것으로 나타났습니다.

기분이 유쾌해지고 활력이 생긴 건 말할 나위도 없고요.

나이는 숫자에 불과할 뿐 정작 중요한 것은 마음 자세라는 것을

잘 보여주는 연구입니다.

우리는 너무 우리의 나이에 맞게 삽니다. 내 소유의 옷, 가구, 자동차, 음악 등

모든 것들이 우리의 생물학적 나이를 떠올리게 합니다.

물건을 바꾸지 않고 마음을 바꾸기란 쉽지 않습니다.

나이와 무관하게 젊고 활기차게 살고 싶다면, 젊은 마음만 먹으려 들지 말고

젊은 물건으로 주변을 바꾸어야 합니다.

활기 있고 행복하게 사는 간단한 트릭입니다.

01 02 03 04 05 06 07 08 09 10 11 12
☐   ☐   ☐   ☐   ☐   ☐   ☐   ☐   ☐   ☐   ☐   ☐

mon

☐

☐

☐

tue

☐

☐

☐

wed

☐

☐

☐

.

.

.

.

thu

☐

☐

☐

fri

☐

☐

☐

sat

☐

☐

☐

sun

☐

☐

☐

.

.

.

.

후회하지 않을 후회

후회는 과거를 덧칠하는 크레용 같습니다.

후회하면 우리의 과거는 탁하고 어두워지고, 후회하지 않으면

밝은 상태로 남아 있습니다.

후회가 참으로 인간 고유의 감정이라고 생각하는 이유는 우리가 과거에 대해서만

후회하는 것이 아니라, 아직 일어나지 않은 미래의 일에 대해서도

후회를 예상해본다는 점 때문입니다.

다른 동물들은 결코 하지 못하는 고도의 정신 작업입니다.

"후회하지 않을 자신 있어?"라는 자문이 우리의 선택에서 최종 신호등 역할을

하는 걸 보면 미래의 결과에 대한 후회 예상이 현재의 선택에서

얼마나 중요한지를 알 수가 있습니다.

미국 코넬 대학의 길로비치 교수는 "결국 하는 편이 낫다.

왜냐하면 하지 않은 일에 대한 후회는 시간이 지나면 점점 커지지만,

한 일에 대한 후회는 시간이 지날수록 줄어들기 때문이다"라는

유명한 연구 결과를 발표했습니다. 맞는 말입니다.

현재의 나는 지금 하려고 하는 일로 인해 미래의 내가 후회할까 봐 염려합니다.

그런데 연구에 따르면, 그 미래가 오면 나는 오히려 과거에 그 일을

하지 않았음을 더 크게 후회합니다.

돌이켜보면 하지 말았어야 할 일이란 별로 없습니다.

돌이켜보면 무슨 일이든 가능했습니다.

어느 때곤 가능했습니다.

나중에 후회할 후회를 선택하지 말고

나중에 후회하지 않을 후회를 선택하는 것이 행복을 위한 용기입니다.

01 02 03 04 05 06 07 08 09 10 11 12
☐　☐　☐　☐　☐　☐　☐　☐　☐　☐　☐　☐

---

mon

☐

☐

☐

---

tue

☐

☐

☐

---

wed

☐

☐

☐

.

.

.

.

thu

☐

☐

☐

fri

☐

☐

☐

sat

☐

☐

☐

sun

☐

☐

☐

.

.

.

.

인생은 짧다. 아니다, 인생은 길다

YOLO(You only live once)
당신은 오직 한 번만 산다.

젊은이들의 해시태그나 티셔츠에 자주 사용되는 이 문구는
역사적으로 보면 아주 새롭다고만 할 수는 없습니다.
괴테의 희곡 『클라비고(Clavigo)』에도 유사한 표현이 나오고,
요한 스트라우스 2세의 왈츠 곡 중에도
〈사람은 단 한 번 산다!(Man lebt nur einmal!)〉라는 작품이 있습니다.
최근 미국의 래퍼들 사이에 이 표현이 유행하면서
위험하고 충동적인 행동과 결부되는 현상이 벌어지고는 있지만,
YOLO는 사실 인간 본성의 한 측면을 표현하고 있습니다.

최근 저희가 수행한 연구에 따르면 사람들은 쾌락과 즐거움을 추구할 때는
"인생은 짧다"라는 생각을 강하게 하지만, 의미 있고 가치 있는 일을 할 때는
"인생은 길다"라는 생각을 강하게 합니다. 인생이 짧다고 느끼게 되면
새로운 것들을 시도하고자 하는 마음이 절로 생겨납니다.
"왜 안 되는데(Why Not)?"라는 심리 상태로 자연스럽게 들어가게
되는 것이지요.
소위 '실험'을 해보려는 용기와 열린 마음이 생겨납니다.
늦은 밤 어느 술집에서건 "한 번 죽지 두 번 죽니? 마시자!"라는 외침을
들을 수 있는 이유입니다.
반면에 종교 생활을 열심히 하는 사람들은 비록 인생이 유한하다고는 느끼지만
짧다고는 생각하지 않습니다. 자원봉사를 하는 사람들도 마찬가지입니다.

우리의 내면은 인생은 짧다고 외치는 세력과 인생은 길다고 외치는 세력 사이의

격전장이자 경연장입니다.

즐겁고 신나고 새로운 것을 경험해보고자 할 때

우리는 '인생은 짧다'라는 세력의 깃발을 들어주고,

인생을 가치 있게 살고 싶을 때는 '인생은 길다'라는 세력의 깃발을 들어줍니다.

지금 당신 안에서는 어떤 깃발이 올라가고 있나요?

01 02 03 04 05 06 07 08 09 10 11 12

☐ ☐ ☐ ☐ ☐ ☐ ☐ ☐ ☐ ☐ ☐ ☐

mon

☐

☐

☐

tue

☐

☐

☐

wed

☐

☐

☐

.

.

.

.

au

]

]

]

sun

☐

☐

☐

시와 연구의 차이점

사람에 관한 연구가 주는 즐거움 중 하나는 사람에 관한 우리 생각의 많은 부분이
틀렸다는 것을 아는 데서 오는 즐거움입니다.
그중 단연 백미는 우리 자신의 감정에 대한 스스로의 오해를 깨닫는 재미입니다.

제가 가장 좋아하는 심리학자 가운데 하버드 대학 교수 대니얼 길버트와
버지니아 대학 교수 티모시 윌슨이 있습니다.
이들의 연구에 따르면 사람들은 자신이 지지하는 후보가 선거에서 지면
매우 오랫동안 슬플 것이라고 예상하지만, 실제로는 그렇지 않습니다.
금세 일상으로 돌아옵니다. 테뉴어(정년보장) 심사를 앞둔 조교수들은
자신이 심사에서 탈락하면 아주 오랫동안 불행할 것이라고 예상하지만,
실제로는 그보다 빨리 행복을 회복합니다.
한마디로 인간은 일기 예보는 잘하지만 자신의 감정 예보에는 서툴다는 것입니다.

그런데 이런 연구들 중에 참 재밌으면서도 쉽게 수긍이 가지 않는 연구가
하나 있습니다. 바로 결별 후에 경험하는 슬픔의 지속 기간에 관한 것입니다.
연구에 따르면 우리는 연인과 결별하면 아주 오랫동안 슬플 것이라고
예상하지만, 실제로는 그보다 빨리 일상으로 돌아온다고 합니다.
맞는 말인 것 같습니다. 그러나 신기하게도 시들은 이와는 반대 이야기를 합니다.

최영미 시인의 「선운사에서」의 한 구절입니다.

　　꽃이 지는 건 쉬워도
　　잊는 건 한참이더군
　　영영 한참이더군

사람들이 이런 시에 더 공감할까요, 위에서 소개한 연구 결과에 더 공감할까요?
심정적으로는 시에 끌리더라도 이성적으로는 연구 결과에 더 끌려야 하지 않을까요?

01 02 03 04 05 06 07 08 09 10 11 12

☐　☐　☐　☐　☐　☐　☐　☐　☐　☐　☐　☐

mon

☐

☐

☐

tue

☐

☐

☐

wed

☐

☐

☐

.

.

.

.

thu

☐

☐

☐

fri

☐

☐

☐

sat

☐

☐

☐

sun

☐

☐

☐

Happy Check List

□ 이번 달 나의 하이라이트

□ 나를 행복하게 만든 것

□ 남을 행복하게 만든 것

□ 기타

Happy Note !

장난기 가득한 눈

20

01 02 03 04 05 06 07 08 09 10 11 12

	sunday	monday	tuesday
MEMO	—	—	—
	—	—	—
	—	—	—
	—	—	—
	—	—	—

wednesday	thursday	friday	saturday
—	—	—	—
—	—	—	—
—	—	—	—
—	—	—	—
—	—	—	—

나는 아직 나의 최고의 모습을 보지 못했다

아리스토텔레스의 『행복론』 중에

머리로는 이해가 되지만 가슴으로는 잘 와 닿지 않던 부분이 있었습니다.

물론 저는 스스로 절절히 공감하는 사람처럼 그 부분에 대해서 자주

강의를 해왔습니다.

"행복이란 자신의 잠재성을 최대한 발현하는 것"이라는 가르침이었습니다.

읽다 보면 가슴이 먹먹해질 정도로 감동적인 이야기이지만,

마음 한편에는 '근데 그게 뭐?'라는 생각이 늘 자리 잡고 있었습니다.

딸아이가 한동안 집을 떠나서 단체 생활을 하게 되었습니다.

중간에 한 번 집에 온 적이 있는데 그간 변한 딸아이의 모습에 저도 모르게

화들짝 놀랐습니다. '별에서 온 그대'는 아니었지만 확실히

'변해서 온 그대'였습니다. 우선 불필요한 살이 많이 사라졌습니다.

초등학교 이후로 처음 보는 모습이었습니다.

일찍 자고 일찍 일어나는 규칙적인 생활을 해서인지 눈이 부어 있지 않아서

눈매도 깊어 보였습니다. 생각이나 태도도 훨씬 긍정적으로 변했고요.

그 모습을 보고 격려를 하던 저는 무심결에 습관성 잔소리를 늘어놓고 말았습니다.

"앞으로 조금만 더 노력하면 되겠다."

여기까지는 참 진부한 잔소리였습니다.

그런데 바로 그때 저도 모르게 "너는 아직 너의 최고의 모습을 보지 못했어"라는
말이 튀어나왔습니다. 순간 식구들의 눈빛이 동시에 반짝였습니다.
'아, 한 건 했구나'라며 뿌듯해하는 그 순간, 저는 비로소 자신의 잠재력을
최대한 발현하여 자신의 최고의 모습과 마주하는 것이
사람에게 얼마나 큰 행복인지를 실감하게 되었습니다.

"너는 아직 너의 최고의 모습을 보지 못했다."
이 말을 스스로에게 하는 것이 오글거린다면
누군가에게는 꼭 해주세요.

01 02 03 04 05 06 07 08 09 10 11 12
☐　☐　☐　☐　☐　☐　☐　☐　☐　☐　☐　☐

mon

☐

☐

☐

tue

☐

☐

☐

wed

☐

☐

☐

．

．

．

．

]

]

]

]

]

]

]　☐

]　☐

]　☐

행복은 김치찌개 같은 것

김치찌개를 잘 끓이는 비결은 간단합니다. 맛있는 김치만 있으면 됩니다.
김치만 맛있으면 뭘 넣고 끓여도 맛이 좋습니다. 아무리 좋은 재료를 넣더라도
김치 자체가 맛이 없으면 김치찌개 맛은 별로입니다.
보통 이렇게들 이야기합니다.

그런데 신기하게도 아무리 맛있는 김치를 줘도 형편없는 김치찌개를 만들어내는
사람이 꼭 있습니다. 우선 물의 양을 조절하지 못하는 경우입니다.
물을 너무 많이 넣어서 싱겁게 만들거나 너무 적게 넣어서 짜게 만드는 사람들이
있기 마련이지요. 어떤 사람은 나름 노력한답시고 어묵을 넣기도 하는데,
저로서는 감당하기 어려운 맛이었습니다. 반면에 맛없는 김치를 가지고
기가 막히게 맛있는 김치찌개를 만들어내는 사람들도 있습니다.

행복이 이와 유사합니다.
행복을 경험하기에 유리한 성격이나 환경을 타고난 사람들이 있습니다.
이들의 삶은 맛있는 김치로 김치찌개를 끓이는 것과 같습니다.
그렇지만 물의 양을 조절하지 못하거나 터무니없는 양념을 사용하면
맛없는 찌개가 나오듯, 이들도 적절한 삶의 양념을 사용하지 않으면
마땅히 누릴 수 있는 행복을 느끼지 못합니다.
반대로 행복에 불리한 기질을 가지고 있더라도 적절한 삶의 양념을 사용하면
자신의 기질이 허용하는 것보다 큰 행복을 누릴 수 있습니다.

김치찌개는 김치도 중요하지만, 요리하는 사람도 중요합니다.
행복도 그렇습니다.

01 02 03 04 05 06 07 08 09 10 11 12

☐   ☐   ☐   ☐   ☐   ☐   ☐   ☐   ☐   ☐   ☐   ☐

mon

☐

☐

☐

tue

☐

☐

☐

wed

☐

☐

☐

.

.

.

.

au

]

]

]

]

]

]

t   sun

☐

☐

☐

장난기 가득한 눈

미국 버클리 대학에는 서울대 〈행복연구센터〉와 유사한
〈The Greater Good Science Center〉가 있습니다.
더 나은 삶에 대한 과학적 연구를 하는 곳이라고 할 수 있겠지요.
이 센터의 책임자인 켈트너 교수는 오랫동안 짓궂은 장난 혹은 농담(teasing)이
호감에 미치는 영향을 연구해왔습니다.
켈트너의 연구에 따르면 많은 경우에 사람들은 호감을 표시하기 위한 수단으로
놀리기를 사용합니다.
따라서 상호 간에 놀리기가 가능해졌다는 것은 서로가 친해졌음을 의미합니다.
장난 삼아 짓궂게 구는 행위는 호감의 시작이면서 호감의 완성인 것입니다.

두 사람의 관계가 더 이상 예전 같지 않을 때는요?
농담이 어색해지는 순간이 찾아올 때입니다.
더 이상 장난칠 분위기가 아닌 거죠.

친구랑 친해지면 우정이라고 하고요.
이성과 배타적으로 친해지면 사랑이라고 합니다.
자기 인생과 친해지면 그때를 '행복'이라고 합니다.
자기에게 주어진 삶의 여건과 친해지면 살 만한 인생이 됩니다.
주어진 여건과 친해지지 않으면 자기 삶에 만족할 수가 없기 때문입니다.

사람과 사람이 친해지는 좋은 방법이 서로 장난치는 것이듯,
자기 삶과 친해지는 것도 마찬가지입니다.
인생을 장난기 가득한 눈으로 바라보는 것입니다.

장난기 가득한 눈으로 자신을 바라보는 것이

걱정 가득한 눈으로 자신을 바라보는 것보다

훨씬 남는 장사입니다.

장난기 가득한 눈.

죽을 때까지 잃지 말아야 할 행복 비결입니다.

01 02 03 04 05 06 07 08 09 10 11 12
☐ ☐ ☐ ☐ ☐ ☐ ☐ ☐ ☐ ☐ ☐ ☐

mon

☐

☐

☐

tue

☐

☐

☐

wed

☐

☐

☐

.

.

.

.

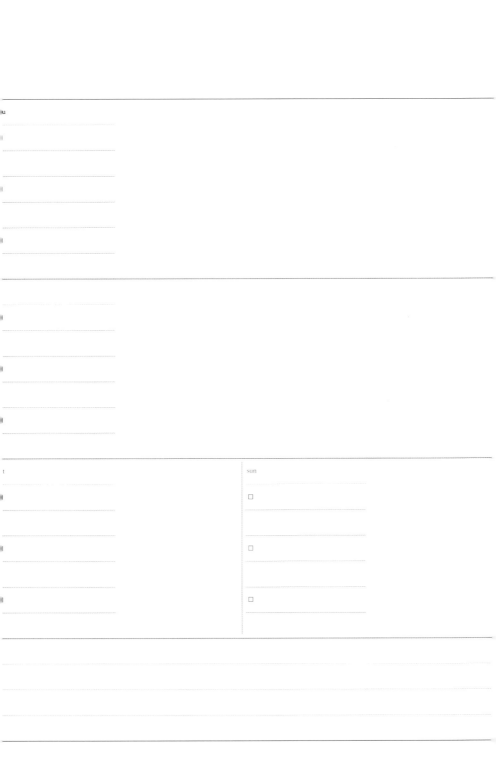

thu

t

sun

자신이 좋아하는 것을 아는 사람

지금은 스탠포드 대학에서 유학하고 있는 제자와 함께
재미있는 연구를 진행한 적이 있습니다.
사람들에게 두 가지 대상을 제시해주고 그중 좋아하는 것을
고르는 과제를 수행하도록 했습니다.

사과―배
영어―수학
초록―노랑

이런 식이었죠.
이 연구가 특이했던 점은 과제를 자기공명영상(MRI) 기계 속에서
수행하도록 했다는 것입니다.
참여자들이 스스로 좋아하는 것을 고르는 과정에서 뇌의 어떤 영역들이
활발하게 움직이는지를 파악하기 위함이었습니다.
연구의 가설은 이랬습니다.

자신이 좋아하는 것을 선택하는 행위 자체가 사람들에게는 즐거움일 것이다.
따라서 뇌에서 쾌감을 담당하는 영역이 활발히 작동할 것이다.

결과는요?
일부 사람들에게만 가설이 잘 들어맞는 것으로 나타났습니다.
자신이 원하는 바를 일상에서 분명하게 표현하는 사람들이었습니다.
그들에게는 자신이 좋아하는 것을 선택하는 행위가 기쁨 그 자체였지만,
그렇지 않은 사람들에게 선택은 고통이었던 것입니다.

선택한다는 것은 독립성의 표현입니다.

영혼이 살아 숨 쉰다는 것을 의미합니다.

행복한 삶을 위해서라면 자신이 좋아하는 것과 싫어하는 것을

분명히 할 필요가 있습니다.

너무 두루뭉술한 것은 좋지 않습니다.

01 02 03 04 05 06 07 08 09 10 11 12
☐   ☐   ☐   ☐   ☐   ☐   ☐   ☐   ☐   ☐   ☐ . ☐

mon

☐

☐

☐

tue

☐

☐

☐

wed

☐

☐

☐

.

.

.

.

thu

☐

☐

☐

fri

☐

☐

☐

sat

☐

☐

☐

sun

☐

☐

☐

시간을 수축하는 것의 매력 혹은 위험

'때와 장소를 가리지 않고'

우리가 흔히 사용하는 표현입니다. "때와 장소를 가려가며 행동해라"처럼
누군가를 야단칠 때도 사용하고, "그들은 때와 장소를 가리지 않고
서로를 탐닉했다"처럼 누군가가 몹시 부러울 때도 사용합니다.
곰곰 생각해보면 시간과 장소가 늘 이렇게 짝을 이룬다는 점이 흥미롭습니다.
추상적 개념인 시간이 구체적 대상인 장소와 늘 붙어 다닌다는 건
실은 개와 고양이가 어울려 다니는 격입니다. 특히 우리 뇌에는 그렇습니다.

우리의 뇌는 장소를 상상하는 데에는 별 어려움을 겪지 않습니다.
당신의 연인이 '우체국'에서 다른 사람과 키스하는 장면을 상상해보십시오.
이번엔 '버스 정류장'으로 장소를 바꾸어 상상해보세요.
두 장소 모두 생생하게 떠올릴 수 있을 것입니다.
그럼 이번에는 당신의 연인이 '3월 3일'에 우체국에서 다른 사람과
키스하는 장면을 상상해보고, 다시 '5월 9일'에 같은 장소에서
키스하는 장면을 상상해보십시오.

우체국과 버스 정류장의 차이보다 3월 3일과 5월 9일의 차이가
훨씬 적을 것입니다.
이는 우리 뇌의 특징이자 우리 상상력의 한계입니다.

시간에 대한 상상이 빈약하기 때문에 우리는 시간을 수축해서 상상하는
경향이 있습니다. 오늘 저녁에 연어 요리를 먹은 후에, 내일 저녁때도
연어를 먹으면 지겨울 것이라고 생각해서 내일은 연어보다 덜 좋아하는
스테이크를 먹어야겠다고 마음먹는 경우가 있습니다.
그런데 막상 다음 날 저녁이 되면 여전히 연어가 먹고 싶어서
어제 스테이크 식당을 예약한 것이 후회될 때가 있습니다.
우리의 뇌가 '하루'라는 시간을 대폭 수축해서 상상하기 때문에
우리 마음속에서는 하루가 너무 짧게 지나가는 것입니다.
그래서 '하루 간격으로' 먹는 연어 요리 두 접시를 마치 한 테이블에
나란히 놓여 있는 연어 요리 두 접시인 양(즉 공간인 것처럼) 상상해버립니다.
아무리 연어를 좋아한다고 해도 연이어 두 접시를 먹는 일은 부담스러울 수밖에
없는 것이지요.

시간 수축 현상 때문에 우리는 가장 좋아하는 것들을 반복적으로 경험하기보다
덜 좋아하는 것들을 섞어가며 다양하게 경험하고자 합니다.
그런데 적지 않은 경우 우리는 가장 좋아하는 것들을 반복적으로 경험할 때
더 큰 행복감을 느낍니다. 조금 어려운 심리 현상이지만 곰곰 생각해보면
"아하!" 하며 무릎을 치게 될 것입니다.

01 02 03 04 05 06 07 08 09 10 11 12

☐　☐　☐　☐　☐　☐　☐　☐　☐　☐　☐　☐

mon

☐

☐

☐

tue

☐

☐

☐

wed

☐

☐

☐

.

.

.

.

au

]

]

]

i

]

]

]

at

]

]

]

sun

□

□

□

Happy Check List

□ 이번 달 나의 하이라이트

□ 나를 행복하게 만든 것

□ 남을 행복하게 만든 것

□ 기타

Happy Note

견뎌내는 힘

20

01 02 03 04 05 06 07 08 09 10 11 12

	sunday	monday	tuesday
MEMO	—	—	—
	—	—	—
	—	—	—
	—	—	—
	—	—	—

wednesday	thursday	friday	saturday
—	—	—	—
—	—	—	—
—	—	—	—
—	—	—	—
—	—	—	—

내면에 음악이 흐르면 모든 풍경이 예술이 된다

어느 봄날의 토요일 오전이었습니다.

아는 분의 요청으로 한 회사의 워크숍에서 강연을 하게 되었습니다.

회사 차를 보내주서서 뒷좌석에 편안하게 몸을 파묻고 워크숍 장소로

가는 길이었습니다.

늘 보던 도심 풍경이라 감흥도 없고 졸리기도 하여 얼마 전에 선물 받은

검은색 이어폰을 끼고 음악을 들었습니다.

정인이라는 가수의 〈사람 냄새〉라는 노래가 흘러나오고 있었습니다.

그 순간 기적 같은 일이 벌어졌습니다.

늘 봐왔던 익숙한 창밖 풍경이 갑자기 영화의 한 장면처럼

멋져 보이는 것이었습니다.

이어폰을 빼고 창밖을 보니 역시나 예전의 무심한 풍경 그대로입니다.

다시 이어폰을 귀에 꽂자 풍경은 예술로 변합니다.

그때 깨달았습니다.

내면에 음악이 흐르면 모든 풍경은 예술이 된다는 것을.

이어폰. 행복한 일상을 위해 충분히 투자할 가치가 있습니다.

우리의 내면에 주제가 흐르고 있으면 세상을 보는 특별한 눈이 생깁니다.

사랑을 하고 있으면 모든 풍경이 선경(仙境)이고요.

절망을 하고 있으면 모든 풍경은 감옥이 됩니다.

자기만의 주제가 있는 사람

다시 말해

인생의 자작곡이 있는 사람이 행복합니다.

01 02 03 04 05 06 07 08 09 10 11 12

☐   ☐   ☐   ☐   ☐   ☐   ☐   ☐   ☐   ☐   ☐   ☐

---

mon

☐

☐

☐

---

tue

☐

☐

☐

---

wed

☐

☐

☐

.

.

.

.

thu

☐

☐

☐

fri

☐

☐

☐

sat

☐

☐

☐

sun

☐

☐

☐

감정을 글로 전환하는 작업

제가 대학원생들에게 늘 강조하는 것 중 하나가

"매 순간 쓰고 있어야 한다"라는 것입니다. 연구는 글로 완성이 됩니다.

아무리 좋은 아이디어가 있고, 그 아이디어가 실험으로 증명됐다 하더라도

글로 쓰지 않으면 말짱 도루묵입니다. 글이 글을 부릅니다.

고기도 먹어본 사람이 먹는 것처럼 글도 써본 사람이 쓰게 된다는 뜻입니다.

쓰다 보면 전혀 생각지도 않았던 생각들이 떠올라서 내 연구가 원래

이렇게 훌륭한 연구였던가 싶을 정도로 멋진 주장들을 펼치게 되기도 합니다.

인간은 자신의 경험을 표현하고 싶어 합니다.

그 과정에서 가장 손쉽게 쓸 수 있는 도구가 '말'입니다.

독백이 되었든 술자리에서 친구에게 내뱉는 말이 되었든,

우리는 말로써 우리의 경험을 재해석하고 표현하려고 합니다.

그러나 암만 생각해도 말은 글보다 못합니다.

제임스 페네베이커라는 심리학자의 연구에 따르면 글쓰기의 효과에는

몇 가지가 있습니다. 그중 으뜸이 바로 글쓰기의 치유력입니다.

자신의 경험, 특히 감내하기 어려운 감정의 고통을 글로 쓰다 보면

어느 순간부터인가 통찰과 깨달음을 나타내는 표현들이나

단어들(예를 들어 I now see, perspective, because)이 글 속에 등장하게 됩니다.

그러면서 상처가 치유되기 시작합니다.

새로운 관점에서 자기와 세상을 바라볼 수 있는 힘이 생겨나는 것입니다.

글쓰기는 "자극과 반응 사이에 공간이 있다"라는 빅터 프랭클의 말에 등장하는

우리 내면의 공간인 셈입니다.

『아웃 오브 아프리카』의 저자인 카렌 블릭센은 이렇게 말했습니다.

  "모든 슬픔은 그것을 이야기로 만들거나
  그것에 관해 이야기할 수 있다면 견딜 만하다."

아, 수년에 걸친 심리학자의 연구 결과를 이렇게 문장 하나로 표현해내는
작가들이란…….

01 02 03 04 05 06 07 08 09 10 11 12

☐ ☐ ☐ ☐ ☐ ☐ ☐ ☐ ☐ ☐ ☐ ☐

mon

☐

☐

☐

tue

☐

☐

☐

wed

☐

☐

☐

.

.

.

.

thu

☐

☐

☐

fri

☐

☐

☐

sat

☐

☐

☐

sun

☐

☐

☐

눈물의 의미

우리 몸에서 나오는 여러 분비물들은 역겨움(disgust)이라는 감정을 유발합니다.
신기한 점은 우리의 분비물들이 몸속에 있을 때는 역겹게 느껴지지 않지만,
일단 몸 밖으로 나오면 역겨운 대상이 된다는 것입니다.
귀지가 그렇고 코딱지가 그렇습니다. 배설물은 말할 것도 없습니다.

사랑하는 사람과 키스를 할 때는 상대의 타액이 자연스럽게 내 입으로
들어오게 됩니다. 그때는 결코 역겹다고 느끼지 않습니다.
그러나 이제 여러분의 사랑스러운 연인이 물 잔에 침을 뱉은 후에
미소를 지으며 당신에게 마시라고 권합니다. 어떻게 하시겠습니까?

역겨움에 대해서 오랫동안 연구한 심리학자 폴 로진과 조너선 하이트는
역겨움이 우리로 하여금 인간이 고상한 존재가 아니라 한낱 동물에
지나지 않는다는 사실을 상기시켜주는 자극을 경험할 때 일어나는 감정이라고
설명합니다. 동물의 사체, 고상하다고 생각했던 내 연인의 똥,
친남매의 격정적인 키스 장면, 이 모든 것들은 인간이 다른 동물과
하등 다르지 않다는 생각으로 우리를 유도합니다. 그래서 우리는 역겨워합니다.

그런데 사람의 분비물 가운데 유일하게 몸 밖으로 나왔을 때
역겨움을 유발하지 않는 것이 있습니다. 바로 눈물입니다!
다른 분비물들은 인간이 그 밖의 동물과 같은 존재라는 것을 상기시키지만,
눈물은 인간이 다른 동물과는 구별되는 고결한 존재임을 깨닫게 해줍니다.
그러니 울고 싶을 때는 울어도 됩니다.
눈물을 흘리는 자신의 모습을 창피하게 여기기보다
아직도 내게는 고결함에 대한 의지가 남아 있다고 생각하면 좋겠습니다.

01 02 03 04 05 06 07 08 09 10 11 12

☐　☐　☐　☐　☐　☐　☐　☐　☐　☐　☐　☐

mon

☐

☐

☐

tue

☐

☐

☐

wed

☐

☐

☐

.

.

.

.

thu

fri

sat   sun

견뎌내는 힘

우리에게는 견뎌내는 힘이 있습니다.
심리학자들은 이를 회복탄력성(resilience)이라고 부릅니다.
우리는 스스로의 상상을 뛰어넘는 저력을 가지고 있습니다.
심지어 죽음이 대안으로 떠오르는 고난 앞에서
몸서리나는 고독을 경험할 때조차 우리는 신기하게도 이를 극복하는
방법을 찾아내곤 합니다.

프랑스 시인 오르탕스 블루가 쓴 「사막」을 보면 인간이 그 외로움과 고독을
이겨낼 수 있는 기발한 방법 하나가 등장합니다.

　사막에서
　그는 너무나 고독해서
　때로는
　뒷걸음질로 걸었다
　자기 앞으로 난 발자국을 보려고

우리는 우리 자신의 저력을 믿어야 합니다.
너무 쉽게 절망하면 안 됩니다.
아무도 도와줄 수 없을 것 같은 인생의 사막에서조차
우리는 견뎌내는 힘을 지니고 있습니다.

01 02 03 04 05 06 07 08 09 10 11 12
☐　☐　☐　☐　☐　☐　☐　☐　☐　☐　☐　☐

mon

☐

☐

☐

tue

☐

☐

☐

wed

☐

☐

☐

.

.

.

.

thu

☐

☐

☐

ri

☐

☐

☐

at

☐

☐

☐

sun

☐

☐

☐

Happy Check List

▫ 이번 달 나의 하이라이트

▫ 나를 행복하게 만든 것

▫ 남을 행복하게 만든 것

▫ 기타

Happy Note !

예외를 인정하는 마음

20

01 02 03 04 05 06 07 08 09 10 11 12

	sunday	monday	tuesday
MEMO	—	—	—
	—	—	—
	—	—	—
	—	—	—
	—	—	—

wednesday	thursday	friday	saturday
—	—	—	—
—	—	—	—
—	—	—	—
—	—	—	—
—	—	—	—

자기 이미지에 대한 과도한 집착

유학 시절 저의 은사 가운데 한 분으로 지금은 오하이오 주립대학 심리학과에
재직 중인 제니퍼 크라커라는 교수님이 계십니다.
이분은 평생 '자기(self)'라는 연구 주제에 천착해왔습니다.
최근에 크라커 교수가 아주 재미있는 이론을 내놓았습니다.
사람은 삶의 어느 장면에 임하든지 두 가지 목표 중 하나를 집중적으로
추구하게 된다는 것입니다.

예를 들어 대인 관계의 경우, 한 가지 목표는 상대방에 대한 따뜻한 관심으로
그 사람의 행복을 위하는 것이고, 다른 하나는 그 사람에게 잘 보이도록
자기 이미지를 관리하는 것입니다.
크라커 교수는 전자를 '연민의 목표(compassionate goal)'라고 부르고,
후자를 '자기 이미지 목표(self-image goal)'라고 불렀습니다.

사람마다 어떤 목표를 더 중시하는가가 다릅니다.
자기 이미지 목표에 집중하는 사람은 상대방에게 자신의 실수를
드러내지 않는 것, 자신의 약점을 노출시키지 않는 것, 무슨 수를 써서라도
타인에게 잘 보이는 것에 집착합니다.
결과적으로 타인에 대한 진심 어린 공감과 관심은 약할 수밖에 없습니다.
반대로 연민의 목표에 집중하는 사람은 자기 이미지에 대한 관심은 덜하고
오직 상대의 행복에만 관심이 있습니다.

당신은 어떤 유형의 사람입니까?

타인을 진심으로 위하는 사람입니까, 아니면 타인을 위하는 행동조차도

실은 자신의 이미지를 관리하기 위해서 하는 사람입니까?

01 02 03 04 05 06 07 08 09 10 11 12
☐　☐　☐　☐　☐　☐　☐　☐　☐　☐　☐　☐

mon

☐

☐

☐

tue

☐

☐

☐

wed

☐

☐

☐

.

.

.

.

hu

]

]

]

i

]

]

]

at

]

]

]

sun

☐

☐

☐

근데 저 오늘 구려요

"근데 저 오늘 구려요."

전문직에 있는 어느 젊은 여성분에게 받은 문자입니다.

약속 장소로 가는 길에 약간 걱정이 되었습니다.

'요새 과로에 시달린다고 하더니 정말 컨디션이 안 좋은 모양이군.'

그러나 제 예상은 보기 좋게 빗나갔습니다.

제 눈에 비친 그 여성은 시쳇말로 샤방샤방 했으니까요.

"저 좀 추레하죠?"

어색한 웃음을 지으며 또다시 물어오는데 참 난감했습니다.

전혀 추레하지 않았기 때문입니다.

'구린 날'을 영어로 표현하면 'Bad hair day'입니다.

실은 아무도 알아차리지 못하는데 본인만 자기 헤어스타일이

마음에 들지 않는다든지, 샴푸가 없어서 비누로 머리를 감았는데

괜히 냄새가 나는 것 같다든지 하는 염려가 될 때

스스로 주변 사람들에게 "나 오늘 구려! (I'm having a bad hair day!)"라고

선언해버리는 경우를 말합니다.

2015년에 디즈니 채널에서 같은 제목의 영화가 방영되기도 했습니다.

자의식이 너무 강한 것은 행복에 좋지 않습니다.

자의식이 강할수록 자기가 주목을 받고 있다고 생각하기 때문에

자청해서 '구린 날'을 경험할 확률이 높습니다.

행복은 스스로 구린 날보다는 스스로 굿인 날이 많을 때 생겨납니다.

자신에게 쏟아붓고 있는 과도한 관심을 조금만 더 내려놓으세요.

01 02 03 04 05 06 07 08 09 10 11 12

☐ ☐ ☐ ☐ ☐ ☐ ☐ ☐ ☐ ☐ ☐ ☐

mon

☐

☐

☐

tue

☐

☐

☐

wed

☐

☐

☐

.

.

.

.

sun

☐

☐

☐

애로 사항 vs. 에러 사항

"갑자기 어깨에 힘이 들어가서 샷이 망가졌어." 주말 골퍼들의 불만

"입술에서 힘 좀 빼." 클라리넷 선생님이 제 아들에게 늘 지적하는 내용

"공기 반 소리 반. 자연스럽게 말하듯 노래 부르세요." JYP

힘을 뺄수록 좋은 결과가 나오는 건 비단 스포츠, 악기, 노래만이 아닙니다.
우리의 삶 자체가 그렇습니다. 행복하고 싶다면 어깨의 힘을 빼야 합니다.
뻣뻣이 경직되어 있는 선수나 가수는 자기만 실수하는 것이 아니라 보는 사람도
매우 불안하게 만듭니다. 비장한 얼굴로 인생을 사는 사람도 그렇습니다.

어깨의 힘을 빼기 위해서는 "아무도 당신을 당신만큼 관심 있게 보지 않는다"라는
심리학의 연구 결과를 떠올려보면 좋겠습니다.
나에 대한 타인의 평가가 내가 생각하는 것만큼 박하지 않다는 점도
알았으면 좋겠습니다. '애로(隘路) 사항'을 '에러(error) 사항'이라고 쓴들,
그 순간만 민망할 뿐 괜찮습니다.
실제로 '에러 사항'이라고 이메일을 보내온 사람을 하나 알고 있는데요,
지금 잘살고 있습니다.

심리학 연구에 따르면 사회가 엄격할수록 사람들이 행복하지 않습니다.
지켜야 할 규범들이 너무 많아서 어깨에 힘이 잔뜩 들어가 있기 때문입니다.
한 연구에서 각국의 엄격함 정도를 측정하여 순위를 매겼는데 우리나라가
파키스탄, 말레이시아, 인도, 싱가포르에 이어 당당 5위를 차지했습니다.
월드컵 4강은 어디 가서 자랑이라도 하지요.
대한민국은 너무 경직되어 있고 너무 비장하고 너무 심각합니다.
우리는 훨씬 더 느슨해져도 됩니다.

느슨하고 삐딱하게.

오늘을 사는 우리의 자세였으면 합니다.

01 02 03 04 05 06 07 08 09 10 11 12
☐   ☐   ☐   ☐   ☐   ☐   ☐   ☐   ☐   ☐   ☐   ☐

mon

☐

☐

☐

tue

☐

☐

☐

wed

☐

☐

☐

·

·

·

·

thu

☑

☐

☐

fri

☐

☐

☐

sat   sun

☐   ☐

☐   ☐

☐   ☐

Caveat, 예외를 인정하는 열린 마음

Caveat—경고, 주의, 단서 조건

저는 이 단어의 열렬한 팬입니다.

연구 하나로 어떤 현상에 대한 모든 것을 다 밝힐 수는 없기 때문에

항상 논문의 맨 마지막 부분에서는 해당 연구의 한계에 대해 언급하고 싶어집니다.

이때 마음에 쏙 드는 단어가 'Caveat'입니다.

자기주장의 경계와 한계를 명확히 하려는 학자적 양심과 겸손을 지킬 수 있도록

도와주는 단어이기 때문에 사랑하지 않을 수 없습니다.

예를 들어 자신의 호불호를 분명하게 표현하는 것이

정신 건강에 좋다는 연구 결과를 얻었을 때,

논문의 마지막에 Caveat를 덧붙여서 서양인이 아닌 동양인의 경우에는

그렇지 않을 수도 있다든지, 위계질서가 뚜렷한 사이에서는

오히려 반대일 수도 있다는 식으로 가능성을 열어두는 것입니다.

Caveat는 정직과 겸손, 그리고 지혜를 상징하지만

더 나아가서 열린 마음을 의미하기도 합니다.

자신이 틀릴 수도 있다는 생각(사실 이 생각만큼 틀리지 않은 생각은 없습니다)은

새로운 주장, 새로운 관점, 새로운 가능성에 마음을 열어두게 합니다.

행복도 열린 마음에서 잘 자랍니다.

어떤 예외도 인정하지 않으려는 마음, 자신이 항상 옳다는 마음은

세상과 적이 되는 마음입니다.

행복은 마음속에 적보다 친구가 많을 때 경험할 수 있는 것입니다.

여기서 Caveat 하나.

Caveat가 언제나 바람직하고 사랑스럽기만 한 것은 아닙니다.

가끔은 나쁜 Caveat도 있습니다.

무슨 이야기든 다 듣고 나서는 "단, 나는 예외야"라고 생각하는 것.

진짜 안 좋은 Caveat입니다.

01 02 03 04 05 06 07 08 09 10 11 12
☐   ☐   ☐   ☐   ☐   ☐   ☐   ☐   ☐   ☐   ☐   ☐

mon

☐

☐

☐

tue

☐

☐

☐

wed

☐

☐

☐

.

.

.

.

hu

☑

☐

☐

ri

☐

☐

☐

at

☐

☐

☐

sun

☐

☐

☐

Happy Check List

□ 이번 달 나의 하이라이트

□ 나를 행복하게 만든 것

□ 남을 행복하게 만든 것

□ 기타

Happy Note

'굳이'의 행복

20

01 02 03 04 05 06 07 08 09 10 11 12

	sunday	monday	tuesday
MEMO	—	—	—
	—	—	—
	—	—	—
	—	—	—
	—	—	—

wednesday	thursday	friday	saturday
—	—	—	—
—	—	—	—
—	—	—	—
—	—	—	—
—	—	—	—

굳이

굳이 할 필요가 없는 일을 하는 이유는 사랑 때문입니다.

사랑하는 사람을 위해서라면

우리는 굳이 할 필요가 없는 일들을 기쁜 마음으로 합니다.

굳이 안 해도 되는 일들 말이지요.

밖에서 맛있는 음식을 먹다가 가족이 생각나

굳이 포장해서 집으로 가져간다거나

숙취로 고생하는 연인을 위해

굳이 오이와 초코우유를 퀵서비스로 보낸다거나 하는

그런 사소한 일들 말입니다.

자신의 삶을 사랑한다면

이런 '굳이 할 필요가 없는 일들'을 해야 합니다.

굳이 운동 안 해도 되지만

굳이 기부 안 해도 되지만

굳이 행복에 대해서 배우지 않아도 되지만

굳이 하는 것.

행복하고 싶다면 해볼 만한 일들입니다.

굳이 할 필요가 없는 일들을

굳이 하는 것

행복한 삶의 모습일 수 있습니다.

01 02 03 04 05 06 07 08 09 10 11 12

☐　☐　☐　☐　☐　☐　☐　☐　☐　☐　☐　☐

mon

☐

☐

☐

tue

☐

☐

☐

wed

☐

☐

☐

.

.

.

.

hu

☐

☐

☐

ri

☐

☐

☐

at

☐

◄

☐

sun

☐

☐

☐

빼기 가정과 더하기 가정

우리는 이미 일어난 사실(fact)을 부정(counter)해보는 생각을 종종 합니다.
특히나 나쁜 일들이 일어났을 때는 더더욱 그렇습니다.
슈퍼마켓 계산대에서 한참을 기다리다가 도저히 안 되겠다 싶어
서 있던 줄을 바꿨더니 원래 섰던 줄이 더 빨리 줄어들 때나
아귀수육을 주문한 후에 매콤한 아귀찜을 시킬걸 하고
후회하는 등의 일상적인 일들에서부터
"그때 그 사람하고 결혼했더라면" 하는 식의 중요한 인생사에 이르기까지
우리의 삶은 사후가정적 사고(Counterfactual thinking)의 연속이라고
할 수 있습니다.

사후가정적 사고가 중요한 것은 그것의 빈도와 내용이
우리가 경험하는 후회와 행복에 지대한 영향을 주기 때문입니다.
"……(안)했더라면 더 좋았을 텐데"라는 생각은 우리에게
아쉬움과 후회를 가져다줍니다.
반면에 "……(안)했더라면 큰일 날 뻔했네"라는 생각은 우리를
안도하게 합니다.

그런데 학자들의 연구에 따르면 우리가 사는 삶을
더 감사한 것으로 바라보기 위해서는
"……을 안 했더라면 어쩔 뻔했을까?"라는
빼기 가정이 큰 도움이 됩니다.

"그때 그 수업을 듣지 않았더라면 어쩔 뻔했을까?"

"그때 그 사람을 안 만났더라면……."

"그때 그 여행을 안 갔더라면……."

이런 가정을 해본다면 지금 당연하게 누리고 있는 것들이

훨씬 소중하게 다가옵니다.

더하기 가정은 쉽습니다.

"이것만 있으면 좋을 텐데"라는 생각은 너무나 자연스러운 것입니다.

그러나 빼기 가정은 비록 쉽지 않지만 우리에게 비할 바 없이

큰 선물을 가져다줍니다.

01 02 03 04 05 06 07 08 09 10 11 12

☐   ☐   ☐   ☐   ☐   ☐   ☐   ☐   ☐   ☐   ☐   ☐

mon

☐

☐

☐

tue

☐

☐

☐

wed

☐

☐

☐

.

.

.

.

thu

☐

☐

☐

fri

☐

☐

☐

sat

☐

☐

☐

sun

☐

☐

☐

행복은 몸에 있다

2014년 가을에 플라톤 아카데미가 주최한 한 인문학 행사에서
구글 엔지니어이자 명상 훈련가인 차드 멍 탄과 같은 세션의 강의를 나누어
하게 되었습니다.
행사 진행자가 우리 둘의 강의를 어떻게 엮을지 고민하기에,
차드 멍 탄은 명상 위주로 강의를 할 계획이니 키워드를 '마음'으로 정하고
저는 일상의 습관을 강조할 것이니 '몸'으로 정하면 어떻겠냐고 제안했습니다.
그렇게 해서 〈행복은 몸에 있다〉라는 강의가 탄생하게 되었습니다.

그 강의에서 제가 던지고자 했던 메시지는
다음과 같은 가상의 상황에 근거한 것이었습니다.
어떤 사람이 "건강하기 위해서는 어떤 음식을 먹어야 할까요?"라고
의사에게 질문을 했습니다. 그러자 돌아온 대답이
"어떤 음식이든 감사한 마음으로 먹으면 됩니다"라는 것이었다면
얼마나 막막하겠습니까.
원칙적으로야 맞는 말이지만, 실천하기에는 다소 막연한 조언입니다.

행복도 마찬가지입니다.
"행복하게 살려면 어떻게 해야 할까요?"라는 질문에 대해
"매사에 감사하고 긍정적으로 생각하세요"라는 조언이 돌아온다면
아닌 게 아니라 난감할 것 같습니다.
"이런 음식들은 드시고 저런 음식들은 피하세요"라는 조언이 보다 실제적이듯,
"이런 활동들을 더 하시고 저런 활동들은 덜 하세요"라는 행복 처방이
필요합니다.

심리학자가 쓰기에는 좀 강한 표현입니다만,

행복은 마음먹기에 있지 않습니다.

행복은 일상의 활동들을 바꾸는 데 있습니다.

행복을 위해 마음만 먹는 것은 식단을 바꾸지 않고 살을 빼려는 것과 같습니다.

행복을 위한 마음, 그동안 충분히 먹었습니다.

01 02 03 04 05 06 07 08 09 10 11 12

☐　☐　☐　☐　☐　☐　☐　☐　☐　☐　☐　☐

mon

☐

☐

☐

tue

☐

☐

☐

wed

☐

☐

☐

.

.

.

.

thu

☐

☐

☐

fri

☐

☐

☐

sat	sun
☐	☐
☐	☐
☐	☐

행복 칼로리 리스트

한국인에게 행복을 주는 활동들 중 제가 선정한 상위 다섯 가지를 소개합니다.

1. 여행
2. 운동
3. 산책
4. 수다를 곁들인 음식
5. 영적 활동

지금보다 더 자주 여행 가십시오.

여행을 통해 '공간'을 바꿔보는 겁니다.

공간이 바뀌어야 '마음'이 바뀝니다.

다른 곳에 가야 '다른 생각'이 나옵니다.

낯선 곳에 가야 '낯선 생각'이 나옵니다.

새로운 곳에 가야 '새로운 생각'이 나옵니다.

열심히 일한 당신만 떠나는 게 아니고요,

일단 모두 다 떠나는 겁니다.

규칙적으로 운동해야 합니다.

운동이 마음에 미치는 효과는 우리가 생각하는 것 이상입니다.

산책을 더 자주 하십시오.

소파에 눕지 말고 운동화 끈을 조여 매고 집 밖으로 나가세요.

가까운 사람들과의 유쾌한 식사는 우리의 기분을 업 시켜주는
최고의 레시피입니다.
지구상에서 가장 행복한 나라로 알려진 덴마크에서는
친한 사람들끼리 음식을 나누어 먹으며 유쾌한 시간을 보내는
'휘게(hygge)'라는 이벤트를 자주 갖는다고 합니다.

마지막으로 영성을 계발하기를 권합니다.
종교 시설에 주기적으로 가십시오.
종교를 갖는 것이 부담이 된다면 묵상이나 기타 수련 활동을 통해
자신과 세상에 대한 초월적 관점을 계발해보는 것이 좋습니다.

01 02 03 04 05 06 07 08 09 10 11 12
☐ ☐ ☐ ☐ ☐ ☐ ☐ ☐ ☐ ☐ ☐ ☐

mon

☐

☐

☐

tue

☐

☐

☐

wed

☐

☐

☐

.

.

.

.

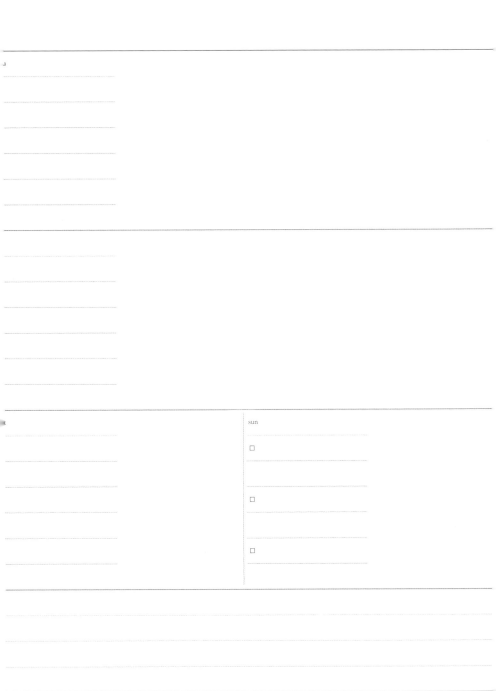

sun

☐

☐

☐

행복을 위해 줄여야 할 것들

행복한 삶은 시소 타기와 같습니다.

행복을 위해 더 늘려야 할 활동들이 있듯이,

반대로 더 줄여야 할 활동들도 있기 때문입니다.

역시 제 기준으로 다섯 가지를 정해보았습니다.

1. 일하는 시간
2. 스마트폰
3. TV
4. 출퇴근 시간
5. 혼자 있는 시간

우선 일하는 시간을 줄여야 합니다.

어떤 수를 써서라도 불필요하게 일터에 남아 있는 시간을 줄여서

저녁이 있는 삶을 되찾아야 합니다.

사람들은 어떻게 하면 일을 행복하게 할 수 있을까를 고민합니다.

다분히 교과서 같은 노력입니다.

당연히 해야 하는 노력이지만, 행복해지기 위한 근본적인 해결책은 아닙니다.

늦은 밤 일터에서 이 글을 읽고 있다면 당장 가방 챙겨 나오세요.

스마트폰으로 인터넷 서핑을 하고 문자를 보내는 활동을 최소화해야 합니다.

디지털 다이어트를 주기적으로 실천해보는 것도 좋습니다.

시간을 정해놓고 스마트폰을 꺼둔다거나, 식사 자리에서 가장 먼저

액정 화면을 확인하는 사람이 밥값을 내는 게임을 하는 것도 시도해볼 만합니다.

줄여야 할 활동 중에 TV 시청과 출퇴근 시간을 빼놓을 수 없습니다.

TV가 주는 즐거움을 부정하려는 것이 아닙니다.

TV를 보다 보면 운동, 수다, 걷기, 여행, 영적 활동 등

앞에서 소개했던 활동을 하는 시간이 줄어들 수밖에 없기 때문입니다.

일터에서 가까운 곳으로 이사하거나 집에서 가까운 곳으로 직장을 옮기는 것,

현실의 대한민국 사회에서 쉽지만은 않은 일이지만

늘 마음속에 중요한 숙제로 남겨놓으세요.

마지막으로 가능하면 사람들과 많은 시간을 보내십시오.

아주 행복한 사람들과 보통 사람들의 가장 두드러지는 차이는

혼자 보내는 시간의 양이라고 합니다.

01 02 03 04 05 06 07 08 09 10 11 12
☐　☐　☐　☐　☐　☐　☐　☐　☐　☐　☐　☐

mon

☐

☐

☐

tue

☐

☐

☐

wed

☐

☐

☐

.

.

.

.

nu

]

]

]

]

]

]

t   sun

]   ☐

]   ☐

]   ☐

Happy Check List

□ 이번 달 나의 하이라이트

□ 나를 행복하게 만든 것

□ 남을 행복하게 만든 것

□ 기타

Happy Note !

행복은 우연히 오는 것

20

01 02 03 04 05 06 07 08 09 10 11 12

	sunday	monday	tuesday
MEMO	—	—	—
	—	—	—
	—	—	—
	—	—	—
	—	—	—

wednesday	thursday	friday	saturday
—	—	—	—
—	—	—	—
—	—	—	—
—	—	—	—
—	—	—	—

네, 딱 그랬어요

행복을 의미하는 'Happiness' 라는 영어 단어는
우연과 행운을 뜻하는 'Hap' 이라는 어원을 가지고 있습니다.
우리가 삶에서 행복을 느끼는 순간들을 보면
행복에는 정말로 우연적인 요소가 있는 것 같습니다.

행복에 우연적 요소가 있다는 말에는
행복을 부단히 노력해야 얻을 수 있는 대상으로
한정하지 말라는 뜻이 담겨 있습니다.
행복을 전적으로 노력의 결과물이라고 생각하면
그 생각이 우리를 불행하게 만들 수 있습니다.
행복은 우연히 경험할 수 있습니다.

누군가에게 이렇게 행운을 빌어보세요.

버스를 타면 창 밖 풍경이 멋지고
지하철을 타면 딱 네 앞에 자리가 생기고
택시를 타면 차내에서 좋은 향기가 나기를!

당신이 정말 운이 좋다면

"네, 딱 그랬어요"라는 답이 돌아올지도 모릅니다.

다른 사람에게는 행운을 빌어주고

내게 찾아온 행운에 대해서는

그 행운을 빌어준 사람에게

"어머, 딱 그랬어요"라고 반갑게 알려주는 것.

행복을 경쾌하게 경험하는 방법입니다.

01 02 03 04 05 06 07 08 09 10 11 12

☐ ☐ ☐ ☐ ☐ ☐ ☐ ☐ ☐ ☐ ☐ ☐

mon

☐

☐

☐

tue

☐

☐

☐

wed

☐

☐

☐

.

.

.

.

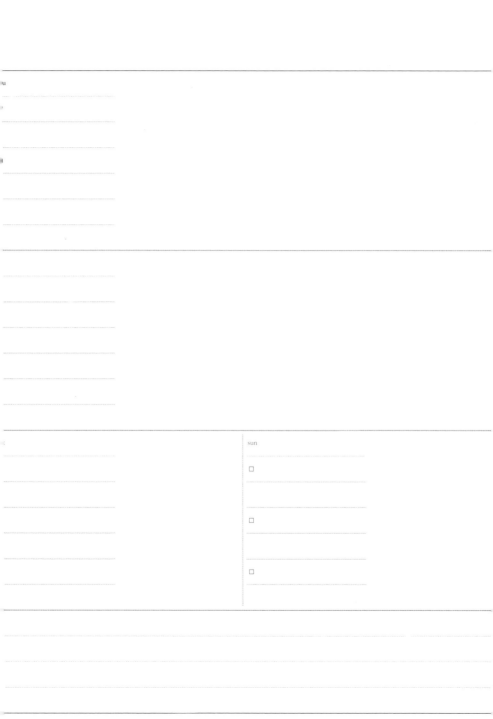

sun

☐

☐

☐

행복한 사람들의 기분 좋은 상상

상대방에 대한 우리의 행동은 상대방이 어떻게 행동할 것인지에 대한
스스로의 예상에 따라 결정됩니다.
상대방에게 밥 먹자고 할 것인가 말 것인가를 고민할 때,
상대가 거절할 것이라고 예상하면 제안을 안 하게 되고
상대가 수용할 것 같으면 제안을 합니다.
물론 거절당할 걸 뻔히 알면서 용감하게 제안하는 경우도 있지요.
상대에게 이미 사귀는 사람이 있는데도
"나랑 사귀자"라고 용기 내서 고백하는 것 같은 경우입니다.

신뢰 게임(trust game)이라는 것이 있습니다.
당신에게 만 원이 있고, 당신은 상대방에게 그중 일부 혹은 전부를
투자할 수 있습니다.
물론 한 푼도 투자하지 않을 수도 있습니다.
당신이 투자한 돈은 4배로 불어나서 상대에게 전달이 됩니다.
그럼 상대는 4배로 불어난 돈의 일부 혹은 전부를 당신에게 분배할 수 있습니다.
물론 한 푼도 돌려주지 않을 수도 있습니다.
이런 상황에서 당신이라면 얼마를 그 사람에게 투자하겠습니까?

상대가 적어도 내가 준 만큼 혹은 그 이상 돌려줄 것이라고 예상하면
만 원 중 상당액을 투자할 것입니다.
전액 다 투자하는 것도 나쁘지 않습니다.
반대로 상대가 충분히 돌려주지 않을 것이라고 예상하면 전혀 투자하지 않거나
아주 소액을 투자할 것입니다.

최근 서울대 〈행복연구센터〉의 연구에 따르면 행복한 사람일수록

상대가 많은 액수를 돌려주리라고 예상하는 것으로 밝혀졌습니다.

불행한 사람일수록 상대를 믿지 못합니다.

행복한 사람은 기분 좋은 상상을 하고,

불행한 사람은 불안한 상상을 하는 셈입니다.

무엇을 상상하든 그 이상을 상상하라는 말이 있습니다.

행복한 사람은 불행한 사람이 상상하는 그 이상의 유쾌한 상상을 합니다.

불행한 사람은 행복한 사람이 상상하는 그 이상의 불쾌한 상상을 합니다.

당신은 어느 편인가요?

01 02 03 04 05 06 07 08 09 10 11 12

☐   ☐   ☐   ☐   ☐   ☐   ☐   ☐   ☐   ☐   ☐   ☐

mon

☐

☐

☐

tue

☐

☐

☐

wed

☐

☐

☐

.

.

.

.

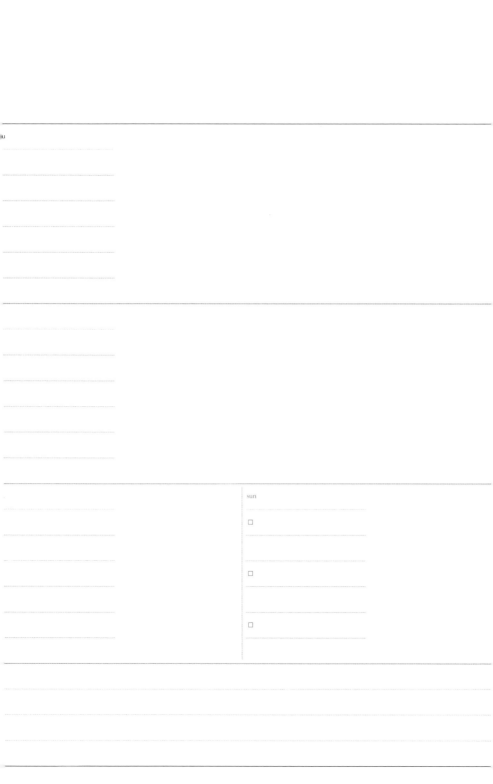

sun

생각의 유연성을 늘리는 방법

"그때의 결정을 결코 후회하지 않습니다.
그런 상황이 다시 와도 나는 같은 결정을 내릴 것입니다."

자신의 행동을 정당화하기 위해서 사람들은 이 같은 말을 자주 합니다.
단호한 말투와 표정에서는 결연함이 묻어나며 때로는 올곧은 성품이
느껴질 때도 있습니다.
그런데 가끔 그 말에서 숨이 막혀오는 압박감을 느낄 때가 있습니다.
자신의 행동이 옳지 않았을 때 "그때로 다시 돌아간다면 다른 선택을 할 것입니다.
제가 틀렸습니다"라고 쿨하게 인정하는 모습을 보고 싶기 때문입니다.

우리가 생각을 잘 바꾸지 않는 이유 중 하나는 우리가 소위 말해
'서브타이핑(subtyping)'이라는 심리적 행위를 자주 하기 때문입니다.
여성은 성취욕이 약하다는 고정관념을 가지고 있는 남자가
성취욕이 강한 여자를 만났을 경우, "내 고정관념이 잘못되었을 수도 있다"라고
자신의 생각을 수정해야 함에도 "아, 저 여자는 커리어 우먼이잖아"라고
말해버리는 것을 볼 수 있습니다.
여자의 범주에 '커리어 우먼'이라는 하위 범주를 만들어서
예외 취급을 하는 것입니다.
결국 여자는 성취욕이 약하다는 근본적인 생각은 바꾸려 들지 않습니다.
변호사들은 모두 말을 잘한다는 고정관념을 가지고 있다가
그에 들어맞지 않는 변호사를 만나게 되어도
"아, 그 사람은 규모가 작은 로펌의 변호사잖아"라고 말해버립니다.
이런 식으로 너무나 쉽게 하위 범주를 만들기 때문에
근본적인 생각이 바뀌지 않습니다.

틀린 생각을 바로잡는 것은 줏대와는 상관없는 일입니다.

그것은 생각의 유연성의 문제이고, 마음의 행복과도 결코 무관하지 않습니다.

마음속의 불필요한 하위 범주를 줄여나가는 생각 정리 작업이 필요합니다.

01 02 03 04 05 06 07 08 09 10 11 12

☐ ☐ ☐ ☐ ☐ ☐ ☐ ☐ ☐ ☐ ☐ ☐

mon

☐

☐

☐

tue

☐

☐

☐

wed

☐

☐

☐

.

.

.

.

sun

☐

☐

☐

사실 vs. 신념

인간에게는 '사실'보다는 사실에 대한 '신념'이 더 중요한 영역들이 있습니다.
예를 들어 많은 사람들은 외모가 자신의 행복을 결정짓는
중요한 요소라고 생각하지만, 연구에 따르면 외모 자체보다는
자신의 외모에 대한 스스로의 생각이 행복에 더 큰 영향을 줍니다.

'사실'은 과학자들의 몫입니다.
행복이 후천적 요인들에 의해 향상될 수 있느냐 아니냐는
과학자들이 치열한 연구와 논쟁을 통해 해결해야 할 문제입니다.
그러나 행복이 노력과 환경 등의 후천적 요인에 의해 향상될 수 있다고
'믿느냐', 아니면 행복이란 기질적 요인에 의해 결정되기 때문에
노력한다고 행복해지는 것은 아니라고 '믿느냐'는 개인의 선택입니다.
물론 과학자들의 연구 결과가 사실에 대한 우리의 신념에
영향을 주기도 합니다.
그럼에도 불구하고 신념은 우리가 스스로 선택하는 것입니다.

최근 서울대 〈행복연구센터〉의 연구에 따르면,

행복이 선천적으로 결정되어 있다고 보는 '결정론적 신념'을 가진 사람보다

행복이 노력과 환경에 의해 후천적으로 향상될 수 있다고 보는

'유동적 신념'을 지닌 사람들의 행복 수준이 높을 뿐 아니라,

후자의 경우에 행복해지기 위해 보다 노력할 의사가 있는 것으로 밝혀졌습니다.

이는 지능이 고정되어 있다고 믿는 사람보다

지능이 변화 가능하다고 믿는 사람들의 학업 성취도가 높고,

후자가 학업에 더 노력한다는 연구와도 유사한 결과입니다.

인간의 속성이 고정된 것인가 아니면 변화 가능한 것인가에 대한

과학적 논쟁도 중요하지만, 보통 사람들에게는 인간 속성의 변화 가능성에 관한

'자신의 신념'이 더 중요하다는 점을 기억하면 좋겠습니다.

01 02 03 04 05 06 07 08 09 10 11 12

☐ ☐ ☐ ☐ ☐ ☐ ☐ ☐ ☐ ☐ ☐ ☐

mon

☐

☐

☐

tue

☐

☐

☐

wed

☐

☐

☐

.

.

.

.

hu

☐

☐

☐

ri

☐

☐

☐

t

sun

☐

☐

☐

Happy Check List

□ 이번 달 나의 하이라이트

□ 나를 행복하게 만든 것

□ 남을 행복하게 만든 것

□ 기타

그럴 수 있지

20

01 02 03 04 05 06 07 08 09 10 11 12

	sunday	monday	tuesday
MEMO	—	—	—
	—	—	—
	—	—	—
	—	—	—
	—	—	—

wednesday	thursday	friday	saturday
—	—	—	—
—	—	—	—
—	—	—	—
—	—	—	—
—	—	—	—

기적을 이룬 나라, 기쁨을 잃은 나라

《이코노미스트》 한국 특파원을 지낸 대니얼 튜더가 고국인 영국에 돌아가서
자신의 눈에 비친 대한민국에 대해 다소 도발적인 제목의 책을 냈습니다.

　　Korea—The Impossible Country

우리에게 익숙한 대한민국에 대한 소개라면 '조용한 아침의 나라'라든지
'붉은 악마', '다이내믹 코리아' 정도입니다.
그런데 튜더는 우리나라를 '불가능한 나라'라고 소개한 것입니다.
제가 이 책을 좋아하는 것은 외국인의 눈에 비친 우리 자신의 난감한 민낯을
볼 수 있어서이기도 하지만, 실은 이 책의 한글 번역본 제목에서 받은
강렬한 인상 때문입니다.

　　기적을 이룬 나라,
　　기쁨을 잃은 나라

무릎을 탁 치게 만드는 절묘한 제목입니다.
나는 왜 저 제목을 생각하지 못했을까 분한 생각이 들 정도로 잘 지었습니다.
백지영의 노래 가사에도 있듯 총 맞은 것처럼 가슴이 너무 아파오는
제목이기도 합니다.
대한민국 사람들은 불가능할 정도로 일을 많이 합니다.
매년 불가능해 보이는 목표를 세우고, 그걸 또 수치로 나타내고,
그런데 정말 신기하게도 그걸 웬만큼 다 이루어냅니다.
영국인에게는 도저히 이해 불가능한 나라였던 모양입니다.

그런데 기적을 이루는 과정에서 대한민국 사람들은 마땅히 누릴 수 있고,
마땅히 누려야 할 기쁨을 잃어버렸다고 그 책은 말하고 있습니다.

기적과 기쁨,
서로 양립 불가능한 것들이 아님에도 불구하고 그간 우리 사회에서는
기적은 절대 선(善)이고, 기쁨은 왠지 천덕꾸러기 같은 대상이었습니다.

그 책의 제목을 이렇게 바꾸어보니 정신이 더 번쩍 듭니다.

　　기적을 이룬 나,
　　기쁨을 잃은 나

우리가 잠시 멈추고 스스로를 돌아보아야 할 이유입니다.

01 02 03 04 05 06 07 08 09 10 11 12

☐   ☐   ☐   ☐   ☐   ☐   ☐   ☐   ☐   ☐   ☐   ☐

mon

☐

☐

☐

tue

☐

☐

☐

wed

☐

☐

☐

.

.

.

.

sun

☐

☐

☐

회상의 치명적 약점

현재의 나는 과거의 경험들을 하루에도 몇 번씩 쓰고 지우고 덧칠합니다.

이 일을 반복하기 때문에 내 과거는 시시각각 다른 모습을 띠게 됩니다.

큰맘 먹고 다녀온 가족 여행이 어느 날은 허세와 낭비로 보이고

어떤 날은 평생 잊지 못할 추억으로 보이기도 합니다.

지나간 사랑에 대해서도 마찬가지입니다.

고정희 시인의 「지울 수 없는 얼굴」에 나오는 것처럼,

어느 날은 냉정한 사람이었다고 욕하고 무심한 사람이었다고 야속해하지만,

또 어느 날은 샘솟는 기쁨 같은 사람이었다고 회상합니다.

현재는 과거를 제 마음대로 주물러 빚어내는 창조주이자 폭군인 셈입니다.

과거에 대한 회상에서 우리가 저지르는 실수 하나가 특히 마음에 걸립니다.

우리의 회상은 어떤 경험의 마지막 순간에 의해 크게 결정됩니다.

끝이 좋으면 그 전 과정이 아무리 안 좋아도 좋은 기억으로 남고,

아무리 과정이 좋았어도 끝이 별로이면 안 좋은 기억으로 남습니다.

여행은 마지막 날이 중요하고, 음식은 디저트가 중요한 이유가 여기 있습니다.

그러다 보니 우리의 회상이 결정적으로 등한시하고 마는 것이

경험의 '지속 기간'입니다.

한 달을 사귄 사람이든 일 년을 사귄 사람이든 결별이 아름답지 않으면

사귄 기간은 의미가 없습니다.

3박 4일 여행이든 29박 30일 여행이든 마지막 날이 좋지 않으면

여행 기간 내내 겪었던 좋은 경험들이 빛을 잃고 맙니다.

심리학에서는 이를 '지속 기간 무시(duration neglect) 현상'이라고 부릅니다.

여기서 우리는 두 가지 교훈을 얻을 수 있습니다.

하나는 순간순간의 경험들을 최대한 음미하고, 또 기록으로 남겨서

마지막 순간 때문에 경험의 모든 과정들이 잊히거나 왜곡되는 일을

막아야 한다는 것입니다.

엔딩의 폭력으로부터 우리의 보석 같은 순간순간들을 지켜내야 합니다.

아무리 추한 결별로 마무리된 연애라고 해도

사랑했던 순간들이 분명 있었기 때문입니다.

또 하나는 엔딩을 멋지게 장식해야 한다는 것입니다.

어떤 경험이든 마지막을 최고의 것으로 만드십시오.

차수가 늘어나는 술자리는 그래서 별로입니다.

조금 아쉬울 때, 딱 거기서 멈춘다면 우리의 과거는 지금보다 훨씬 더

아름답게 기억될 것입니다.

01 02 03 04 05 06 07 08 09 10 11 12

☐　　☐　　☐　　☐　　☐　　☐　　☐　　☐　　☐　　☐　　☐　　☐

mon

☐

☐

☐

tue

☐

☐

☐

wed

☐

☐

☐

.

.

.

.

thu

☐

☐

☐

fri

☐

☐

☐

sat

☐

☐

☐

sun

☐

☐

☐

그럴 수 있지

지구의 표면은 계곡과 산, 바다와 강 때문에 불쑥 솟아난 곳도 있고
움푹 팬 곳도 있지만 우리는 지구를 둥글다고 합니다.
그래서 지 '구(球)'라고 하지요.
거친 표면에도 불구하고 지구를 둥글다고 하는 건 아마도 아주 멀리서 보면
굴곡 같은 건 보이지 않고 그저 둥글기 때문일 것입니다.

사람도 그렇습니다. 누군가가 한결같다고 해서
그 사람이 삶에서 보여주는 모든 모습이 다 한결같지는 않습니다.
평균적으로 보면 그렇다는 이야기이죠.
그러니까 그 사람이 잠시 방황을 하거나, 때로는 어떤 상황에서
한결같은 모습을 잃더라도 너무 성급하게 결론 내리지 않았으면 합니다.
인내심을 가지고 조금만 기다려보면 그 사람은 원래의 모습으로
다시 돌아올 것입니다.

우리 자신에 대해서도 마찬가지입니다.
계획한 대로 잘 해오다가 한두 번 실패했을 때 "역시 난 안 돼",
"내가 그렇지 뭐"라고 성급하게 결론 내리지 않았으면 좋겠어요.
자신의 정체성을 그렇게 성급하게 규정하다가는 나의 진짜 모습을
못 볼 수도 있습니다.

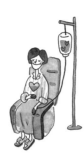

인간의 이중성에 대해서도 조금은 더 관대해지면 좋겠습니다.
"그 사람 참 이중적이야!"라고 너무 빨리 비난하기보다
"그럴 수 있지"라고 말해보세요.
둥글어 보이는 사람에게도 계곡과 산, 바다와 강은 있기 마련입니다.

'그럴 수 있지'의 여유.
우리 자신에게 꼭 필요한 마음의 자세입니다.

01 02 03 04 05 06 07 08 09 10 11 12
☐   ☐   ☐   ☐   ☐   ☐   ☐   ☐   ☐   ☐   ☐   ☐

mon

☐

☐

☐

tue

☐

☐

☐

wed

☐

☐

☐

.

.

.

.

thu

☐

☐

☐

fri

☐

☐

☐

sat

☐

☐

☐

sun

☐

☐

☐

나이에 어울리는 감정이란 없다

중학생들에게 평생 자신이 경험하게 될 행복 수준을 연령대별 그래프로
그려보게 하면, 거의 모든 학생들이 노년기의 행복감을 낮게 그립니다.
학생들의 머릿속에 노년기는 불행한 시기라는 생각이 꽉 차 있는 것 같아서
씁쓸합니다.
그러나 실제 연령대별 행복감 연구 결과를 보면 마음이 한결 놓입니다.
어린 학생들의 걱정과는 달리 행복감이 나이가 들어도 감소하지 않고,
오히려 삶의 만족감은 증가하기도 합니다.
나이가 듦에 따라 행복감이 감소하지 않는 이유에 대해 연구자들은
다음과 같이 설명합니다.

　　나이가 들면 특별히 기뻐할 일도 없지만, 특별히 기분 나쁜 일도 없다.

긍정적인 감정이 감소하지만 부정적인 감정 역시 감소하기 때문에
서로 상쇄 효과가 있어서 결과적으로는 행복감에 큰 변화가 없다는 것입니다.

마음에 위로가 되는 연구 결과이지만,
또 한편으로는 온몸으로 거부하고 싶은 연구 결과입니다.
왜 우리는 나이가 들면 즐거운 감정이나 나쁜 감정을 덜 경험하는 것일까요?
왜 우리는 나이가 들면 특정 감정들을 지레 포기하게 되는 것일까요?

호기심, 영감, 열정, 사랑, 장난기.
분노, 실망, 좌절.

나이가 들어서도 이런 모든 자연스러운 감정들을 느끼는 것이 좋습니다.

서울대 〈행복연구센터〉의 연구에 따르면 나이가 들수록 진취적인 마음가짐을

갖는 것이 중요합니다.

너무 점잖아지려고 노력하지 말고, 너무 어른스러워지려고 노력하지 말고,

세상의 모든 자극에 청춘들처럼 강렬하게 반응하는 마음을 가져보는 건 어떨까요.

너무 극단적인 감정을 경험하지 않는 것이 지혜의 특징이라고는 하지만,

그럼에도 불구하고 감정의 정년퇴임을 너무 일찍 맞이하지 않았으면 좋겠습니다.

01 02 03 04 05 06 07 08 09 10 11 12
☐ ☐ ☐ ☐ ☐ ☐ ☐ ☐ ☐ ☐ ☐ ☐

mon

☐

☐

☐

tue

☐

☐

☐

wed

☐

☐

☐

.

.

.

.

u

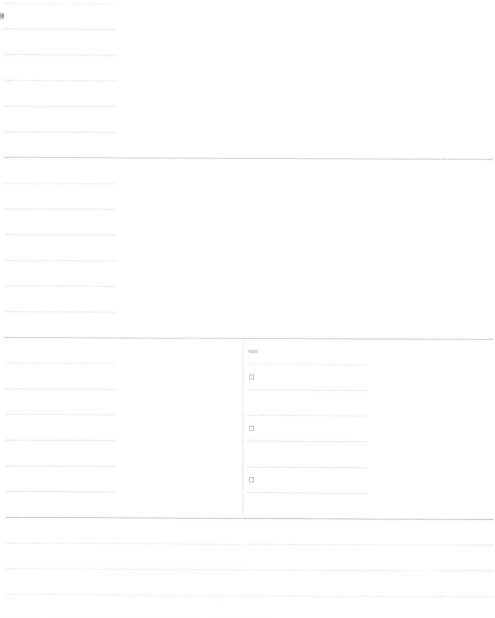

sun

☐

☐

☐

Happy Check List

□ 이번 달 나의 하이라이트

□ 나를 행복하게 만든 것

□ 남을 행복하게 만든 것

□ 기타

Happy Note !

자기 내면으로의 긴 여행

20

01 02 03 04 05 06 07 08 09 10 11 12

	sunday	monday	tuesday
MEMO	—	—	—
	—	—	—
	—	—	—
	—	—	—
	—	—	—

wednesday	thursday	friday	saturday
—	—	—	—
—	—	—	—
—	—	—	—
—	—	—	—
—	—	—	—

낙엽처럼 고마운 사람들

자세히 들여다보면 실은 고마운 존재들이 도처에 널려 있습니다.
우리가 그 가치를 느끼지 못하고 살 때가 많을 뿐입니다.
김사인의 「조용한 일」이라는 시는 그런 작고 고마운 존재의 가치를
잘 그려내고 있습니다.

　　이도 저도 마땅치 않은 저녁

　　철 이른 낙엽 하나 슬며시 곁에 내린다

　　그냥 있어볼 길밖에 없는 내 곁에

　　저도 말없이 그냥 있는다

　　고맙다

　　실은 이런 것이 고마운 일이다

이도 저도 마땅치 않은 날들이 많습니다.
마음을 둘 곳이 없어 그냥 있어볼 길밖에는 없는 날들이 생겨납니다.
그 순간, 조용히 곁에 있어주는 사람
아무것도 물어오지 않는 사람
실은 그런 사람이 고마운 사람입니다.

특히 우리나라 정서에서는 더 그렇습니다.
사회적 지지(social support)에 관한 비교 문화 연구에 따르면 미국 사람들은
말로 분명하게 위로해주는 것을 좋아하지만, 한국 사람들은 아무 말 없이
그냥 곁에 있어주는 위로를 좋아한다고 합니다.

또 다른 연구에 따르면 남자나 여자나 남자보다는 여자를
친구로서 선호한다고 합니다.
왜 그럴까 궁금했는데, 알 것 같습니다.
남자들은 그 고질적인 문제 해결 마인드 때문에
끊임없이 묻고 늘 해결책을 제시하려고 합니다.
반면 여자들은 질문하지 않고 그냥 들어줍니다.

01 02 03 04 05 06 07 08 09 10 11 12
☐　☐　☐　☐　☐　☐　☐　☐　☐　☐　☐　☐

---

mon

☐

☐

☐

---

tue

☐

☐

☐

---

wed

☐

☐

☐

·

·

·

·

u

]

]

]

]

]

]

at

]

]

]

sun

여행의 독특한 행복

소설가 무라카미 하루키는 자신만의 독특한 행복 여행법을 가지고 있습니다.
여행을 갈 때는 일부러 오래된 속옷과 양말들을 챙겨 가서 하루씩 입거나
신은 후에 버린다고 합니다.
버리고 오는 느낌, 가벼워지는 느낌이 하루키에게는 여행의 큰 기쁨인 모양입니다.

저는 여행이 주는 최고의 행복으로
여행을 다녀온 후에 자신이 조금 성숙해졌다고 느끼게 되는 것을 꼽습니다.
삶을 보는 눈이 달라졌다는 뿌듯함입니다.
시인이자 여행 작가인 이병률은 『끌림』의 첫머리에서 여행이 주는 이 행복을
다음과 같이 멋들어지게 표현했습니다.

> 내가 걸어온 길이 아름다워 보일 때까지
> 난 돌아오지 않을 거야

여행은 자신이 살아온 길의 의미를 찾아줍니다.
폐허로만 보였던 삶의 흔적에서 부활할 수 있는 힘을 발견하게 해줍니다.
아무리 수치스럽고 후회스러운 일들을 했더라도 자기만의 여행,
자기 내면으로의 긴 여행을 다녀오면 견디는 힘이 생겨납니다.

여행은 공간과 시간을 바꾸는 작업입니다.
공간과 시간이 바뀌면 세상을 '다르게' 보게 됩니다.
다시 말해 프레임이 바뀝니다.
지금보다 더 행복진다는 것은 지금과는 다르게 세상을 본다는 것입니다.
그래서 여행이 행복에 중요합니다.

01 02 03 04 05 06 07 08 09 10 11 12

☐　☐　☐　☐　☐　☐　☐　☐　☐　☐　☐　☐

mon

☐

☐

☐

tue

☐

☐

☐

wed

☐

☐

☐

.

.

.

.

nu

]

]

]

]

]

t

sun

☐

☐

☐

자기 이미지에 집착하지 않는 방법

사람을 대하는 우리의 마음에는 두 가지가 있다고 소개했습니다.
하나는 진심으로 그 사람의 마음을 이해하고 그 사람의 행복을 위하는 마음이고,
다른 하나는 오직 그 사람에게 자신의 이미지가 어떻게 비칠지만을
걱정하는 마음입니다.
어떤 마음이 착하고 행복한 마음인지는 동네 유치원생도 알고 있습니다.

어떻게 하면 우리는 상대방의 마음을 진심으로 이해하려고 할 수 있을까요?
어떻게 하면 그 사람을 진심으로 위로할 수 있을까요?

정현종 시인의 「방문객」이라는 시가 그에 관한 묵직한 힌트를 줍니다.

> 사람이 온다는 건
> 실은 어마어마한 일이다
> 그는
> 그의 과거와
> 현재와
> 그리고 그의 미래와 함께 오기 때문이다
> 한 사람의 일생이 오기 때문이다
> 부서지기 쉬운
> 그래서 부서지기도 했을 마음이 오는 것이다
> 그 갈피를
> 아마 바람은 더듬어볼 수 있을 마음
> 내 마음이 그런 바람을 흉내 낸다면
> 필경 환대가 될 것이다

누군가를 만난다는 것은 실로 어마어마한 일입니다.

이 사실을 마음 판에 새겨놓는다면 우리가 할 수 있는 최선은

환대뿐이라는 점이 명확해질 것입니다.

01 02 03 04 05 06 07 08 09 10 11 12

☐   ☐   ☐   ☐   ☐   ☐   ☐   ☐   ☐   ☐   ☐   ☐

---

mon

☐

☐

☐

---

tue

☐

☐

☐

---

wed

☐

☐

☐

.

.

.

.

sun

저의가 없는 사람

저의(底意)─겉으로 드러나지 않은 숨겨진 생각

저의가 없는 사람이 좋습니다.

상대방에게 숨겨진 의도를 갖고 있지 않은 사람이 저의가 없는 사람입니다.

소위 밑밥을 던져놓고 상대의 반응을 유도하지 않는 사람입니다.

저의가 많은 사람은 계산적인 사람입니다.

무슨 언행이든 바라는 결과를 염두에 두고 하는 사람입니다.

이런 사람은 주변 사람을 불편하게 합니다.

자기 자신도 경계를 서는 보초병처럼 늘 주변을 살펴야 하기 때문에

마음이 편안하지가 않습니다.

이렇듯 보초병 같은 마음의 상태를 심리학에서는

'자기 감시(self-monitoring)'라고 합니다.

자기 감시가 심한 사람은 행복을 경험하기가 쉽지 않습니다.

끊임없이 주변을 살피느라 삶을 즐길 여유를 갖지 못하기 때문입니다.

저의를 품지 않기란 쉽지 않습니다.

특히 상대에게 좋은 인상을 주고 싶을 때는 더더욱 그렇습니다.

그럼에도 불구하고 저의는 최소화하는 것이 좋습니다.

평균 정도로 행복한 사람은 나를 저의 없이 대해주는 친구가 있는 사람입니다.

평균 이상으로 행복한 사람은 내가 저의 없이 남을 대하는 사람입니다.

돌이켜보니 저는 저의가 많았던 사람입니다.

반성합니다.

01 02 03 04 05 06 07 08 09 10 11 12

☐   ☐   ☐   ☐   ☐   ☐   ☐   ☐   ☐   ☐   ☐   ☐

---

mon

☐

☐

☐

---

tue

☐

☐

☐

---

wed

☐

☐

☐

.

.

.

.

sun

"내가 살아보니까"의 힘

일곱 글자로 된 표현 중에서 가장 무게감이 있는 말로
저는 "내가 살아보니까"를 꼽습니다.
고(故) 장영희 교수의 에세이 제목이기도 한 이 표현에는 삶에 대한 깊은 성찰과
타인에 대한 속 깊은 관심과 진심 어린 조언이 담겨 있습니다.
슬럼프에 빠져 있는 친구에게 "그거 별거 아니야"라고 하는 것보다는
"내가 살아보니까, 그거 별거 아니야"라고 하는 말이 더 힘이 됩니다.
연인과의 이별로 휘청거리는 사람에게도 마찬가지입니다.
"나도 경험해봤는데." 이 한마디가 위로의 무게감을 바꾸어놓습니다.
어떤 위로에도 고개를 들지 않던 사람이 "나도 경험해봤는데"라는 말에
눈물 젖은 얼굴을 들어 올리곤 합니다.

우리가 아픔을 겪고 있을 때 그건 어쩌면 훗날 동일한 아픔을 겪게 될
누군가에게 "내가 살아보니까", "나도 경험해봤는데"라는 말을 쓸 수 있도록
해주시려는 신의 계획일지도 모릅니다.
아파보지 않은 사람의 공허한 위로를 경험해본 이들이라면
조금은 억지스러운 저의 이 주장에 공감할 것입니다.

최근에 대학원생들과 함께 진행한 연구에서, 겪어본 사람의 위로가
겪어보지 않은 사람의 위로와 무엇이 다른지를 살펴보았습니다.
많은 차이가 있었지만 그중 가장 두드러진 것이 바로 '시간'에 대한
언급이었습니다.
겪어본 사람들은 '차차', '시간이 지나면', '점점', '처음에는' 등과 같은
시간에 대한 언급을 많이 하는 것으로 나타났습니다.

지혜로운 사람의 눈은 왜 깊은지, 그리고 그 깊은 눈은 왜 쳐다보기만 해도
좋은지 늘 궁금했는데요, 그 눈 속에 시간이 들어 있기 때문인 것 같습니다.

01 02 03 04 05 06 07 08 09 10 11 12

☐   ☐   ☐   ☐   ☐   ☐   ☐   ☐   ☐   ☐   ☐   ☐

mon

☐

☐

☐

tue

☐

☐

☐

wed

☐

☐

☐

.

.

.

.

thu

☐

☐

☐

ri

☐

☐

☐

at

☐

☐

☐

sun

☐

☐

☐

Happy Check List

□ 이번 달 나의 하이라이트

□ 나를 행복하게 만든 것

□ 남을 행복하게 만든 것

□ 기타

Happy Note !

초절전 모드

20

01 02 03 04 05 06 07 08 09 10 11 12

	sunday	monday	tuesday
MEMO	—	—	—
	—	—	—
	—	—	—
	—	—	—
	—	—	—

wednesday	thursday	friday	saturday
—	—	—	—
—	—	—	—
—	—	—	—
—	—	—	—
—	—	—	—

한국인이 산에 가는 이유

2015년 9월 11일자《월스트리트》저널에 한국인에 관한 흥미진진한 기사 하나가
실렸습니다. 보다 정확히는 한국 정부가 추진하고 있는 느린 산행 문화에
관한 것이었습니다. 기사의 제목은 다음과 같았습니다.

> As Koreans swarm into mountains, Government pleads "Slow Down"

직역해보자면, 한국 사람들이 벌떼처럼 우르르 산을 오르고 있는 상황에서
정부가 '느린 산행' 캠페인을 벌이기 시작했다는 것입니다.
도대체 무슨 내용일까요?

국토의 75퍼센트가 산악 지형인 우리나라에서 등산이 가장 인기 있는
레저 활동이라는 점은 그리 놀라운 일이 아닙니다.
다만 우리가 산에 오르는 행태에는 이상한 점이 많습니다.
기사에 따르면 한국인들은 자신들이 '삶을 살아가는 방식'으로 산을 오릅니다.
바로 '빨리빨리 정상에 오르기 위해서' 산을 찾는다는 것이지요.
오르는 도중에 한적한 곳에서 차분히 생각을 하거나 주변의 경치를 감상하기보다
앞 사람의 등만을 바라보면서 최대한 빨리 정상에 오르려고 합니다.
가장 빠른 속도로 정상에 오른 후 신속하게 인증 샷을 찍고 쏜살같이 내려와
산 아래 식당에서 한잔하는 것.
여기에는 '멈추면 비로소 보이는 것들'의 마음은 온데간데없고,
멈추면 뒷사람에게 면박만 당하는 현실이 있을 뿐입니다.
이를 그 기사에서는 '정상중심주의(Peak centricism)'라고 표현했습니다.

연구에 따르면 과도한 경쟁의식은 우리의 행복을 갉아먹습니다.

고지가 바로 저긴데 예서 말 수는 없다는 비장함으로

오직 정상만을 향해 초경쟁적으로 산을 오르고 있다면

고은 시인의 「그 꽃」을 다시금 생각했으면 합니다.

　내려갈 때 보았네

　올라갈 때 보지 못한 그 꽃

01 02 03 04 05 06 07 08 09 10 11 12
☐   ☐   ☐   ☐   ☐   ☐   ☐   ☐   ☐   ☐   ☐   ☐

mon

☐

☐

☐

tue

☐

☐

☐

wed

☐

☐

☐

.

.

.

.

sun

☐

☐

☐

다이내믹 듀오

16세기 이탈리아 화가 카라치의 〈헤라클레스의 선택〉이라는 그림을 보면
젊은 헤라클레스 앞에 두 여인이 나타나서 헤라클레스가 가야 할 길에 대해
각자의 의견을 제시합니다.
한 여인은 시스루 복장을 한 채로 매우 요염한 자태를 뽐내며
쾌락의 길을 제시합니다.
음악과 게임으로 상징되는 즐거움의 길을 헤라클레스에게 보여줍니다.
다른 한 여인은 복장부터가 정숙합니다.
아레테(탁월함)라는 이름의 그 여인에게서 요염함이라고는 찾아볼 수가 없습니다.
그녀는 저 산꼭대기를 가리키며 저곳이야말로 비록 멀고 험할지라도
헤라클레스가 가야 할 길이라고 주장합니다.
끊임없이 공부하고 자신을 성찰해서 탁월함에 이르러야 한다고 설득합니다.

우리도 이런 딜레마에 빠질 때가 있습니다.
어떤 삶이 진정 행복한 삶일까요?
그런데 사실 우리가 스스로에게 물어야 할 더 근본적인 질문이 있습니다.

왜 꼭 어느 하나를 택해야 할까요?

비록 헤라클레스는 즐거움의 길을 버리고 탁월함의 길을 선택했지만,

행복에 관한 많은 연구에 따르면 인간의 행복은 이 두 가지의 균형에서 나옵니다.

우리 스스로에게 양자택일을 강요하는 난감한 일을 안 했으면 좋겠습니다.

이는 마치 어린아이에게 "엄마가 좋아, 아빠가 좋아?"라고 묻는 것과 같습니다.

우리 안에 존재하는 이 두 가지 욕구 모두를 자연스러운 것으로

인정할 필요가 있습니다.

쾌락 본능이 발현될 때 스스로를 천박하다고 너무 구박하지 않았으면 좋겠습니다.

즐거움과 탁월함

재미와 의미

결코 포기할 수 없는 행복의 다이내믹 듀오입니다.

01 02 03 04 05 06 07 08 09 10 11 12
☐   ☐   ☐   ☐   ☐   ☐   ☐   ☐   ☐   ☐   ☐   ☐

---

mon

☐

☐

☐

---

tue

☐

☐

☐

---

wed

☐

☐

☐

.

.

.

.

thu

☐

☐

☐

fri

☐

☐

☐

sat

☐

☐

☐

sun

☐

☐

☐

고요함의 행복

행복은 마음이 들떠 있는 상태만은 아닙니다.

차분하고 고요한 상태도 행복한 상태입니다.

'고요(serenity)' 하면 제게 가장 먼저 떠오르는 것이 '아침 고요 수목원'입니다.

고요의 이미지로는 이른 새벽과 숲 속이 잘 어울리기 때문입니다.

이제는 고요함의 또 다른 차원을 경험해보는 게 어떨까요.

마지막 남은 피 한 방울까지 짜내는 심정으로 1년을 준비한 연주회를

성공적으로 마친 연주자가 대기실로 돌아와서 의자에 턱 앉았을 때,

그때 찾아오는 조용한 성취감. 입가에 퍼지는 잔잔한 미소의 느낌.

그것도 고요함입니다.

고요함은 이처럼 매우 중요한 일을 성공적으로 마친 후

그 끝자락에서 찾아오는 느낌을 포함합니다.

고요함의 이러한 차원이 많이 강조되지 않고 있어서 안타깝습니다.

고요함도 열정과 치열함이 있어야 얻을 수 있다는 점을 기억하면 좋겠습니다.

고요에는 이렇듯 평온함과 치열함이 공존하는 역설이 있습니다.

어쭙잖게 시인 하상욱의 흉내를 내보자면

고요한 감정

고~ 묘한 감정

입니다.

01 02 03 04 05 06 07 08 09 10 11 12
☐   ☐   ☐   ☐   ☐   ☐   ☐   ☐   ☐   ☐   ☐   ☐

---

mon

☐

☐

☐

---

tue

☐

☐

☐

---

wed

☐

☐

☐

.

.

.

.

thu

☐

☐

☐

fri

☐

☐

☐

sat

☐

☐

☐

sun

☐

☐

☐

초절전 모드

최근 서울대 〈행복연구센터〉의 조사에 따르면 행복한 사람들일수록
자신에게 시간이 많다고 생각하고, 행복하지 않은 사람들일수록
늘 시간이 부족하다고 느끼는 것으로 나타났습니다.
무엇이 원인이고 무엇이 결과인지는 알 수가 없습니다.
행복하기 때문에 시간의 여유를 느끼는지, 시간의 여유를 경험하기 때문에
행복한지가 불분명하다는 것이지요.
그러나 다른 연구들을 살펴보면 시간을 남에게 내어주면 오히려 시간의 여유를
경험하게 되고 행복감도 올라간다는 것으로 보아, 적어도 시간의 여유가
행복을 가져다주는 것은 맞는 듯싶습니다.

우리에게 시간적 여유가 없는 것은 불필요한 일을 많이 하기 때문입니다.
진짜 하고 싶은 일들만 하고 산다면 시간은 모자라지 않을 것입니다.
얼마 전에 휴대폰 배터리가 얼마 남지 않아서 처음으로 '초절전 모드'를
이용해봤습니다. 모든 화면이 흑백으로 바뀌면서 통화, 문자, 인터넷,
딱 이 세 가지 기능만이 기본으로 제공되는, 말 그대로 초절전 모드였습니다.
도대체 초절전 모드를 실행하면 얼마나 오랫동안 휴대폰 사용이 가능한지
알아보았더니 배터리 용량이 50퍼센트 남아 있을 때 무려 6.2일을 사용할 수
있는 것으로 나타났습니다.
물론 전화기 기종과 사용 양상에 따라 차이가 있겠지만 놀라운 생명력이
아닐 수 없습니다. 불필요한 앱(App)을 많이 사용하다 보면 배터리 잔량이
늘 불안하기만 한데 말이지요.

인생도 그렇습니다.

불필요한 일들을 많이 하게 되면 시간이라는 배터리가 늘 부족한 상태가 됩니다.

꼭 필요한 것들만 하는 초절전 모드의 삶이 가끔은 필요합니다.

내 인생의 화면이 늘 컬러일 필요는 없습니다.

흑백 화면과 같은 소탈한 삶이어도 충분합니다.

내가 아니어도 잘 돌아가는 모임에는 나가지 않아도 됩니다.

불필요한 앱 같은 것들입니다.

우리가 초절전 모드로 살지 않으면 우리의 삶은 부족한 시간으로 인해

늘 '초절절 모드'가 될 것입니다.

01 02 03 04 05 06 07 08 09 10 11 12
☐　☐　☐　☐　☐　☐　☐　☐　☐　☐　☐　☐

---

mon

☐

☐

☐

---

tue

☐

☐

☐

---

wed

☐

☐

☐

.

.

.

.

nu

]

]

]

]

]

t   sun

                                                     ☐

                                                     ☐

                                                     ☐

Happy Check List

□ 이번 달 나의 하이라이트

□ 나를 행복하게 만든 것

□ 남을 행복하게 만든 것

□ 기타

Happy Note !

이름을 떼고 보는 연습

20

01 02 03 04 05 06 07 08 09 10 11 12

	sunday	monday	tuesday
MEMO	—	—	—
	—	—	—
	—	—	—
	—	—	—
	—	—	—

wednesday	thursday	friday	saturday
—	—	—	—
—	—	—	—
—	—	—	—
—	—	—	—
—	—	—	—

사물에서 이름을 박탈하라―무제의 삶

어느 날 문득, 정말 뜬금없이 양파는 몇 겹인지가 궁금해졌습니다.

식탁 위에 덩그렇게 놓여 있는 양파 하나가 그러한 궁금증을 불러일으켰습니다.

양파를 직접 까보면 될 것을 습관적으로 포털사이트 검색에 들어갔습니다.

두 가지 사실에 크게 놀랐습니다.

우선 그 질문이 이미 등록되어 있었다는 점입니다.

저 말고도 양파가 몇 겹인지를 궁금해한 사람들이 많았다는 것을 알고

절로 웃음이 나왔습니다.

두 번째는 "아마 양파마다 다르겠지" 싶었던 제 예상과는 달리

양파는 총 여덟 겹이라고 명확하게 답이 나와 있었다는 점입니다.

그러나 저는 그 답을 곧이곧대로 받아들일 수가 없었습니다.

"분명 세계 양파 협회 같은 게 있을 거야"라고 생각하고는

'national association of onion'을 검색했더니 진짜 그런 협회가

나오는 것이었습니다.

세상에나! 양파를 만만하게 볼 게 아니었습니다.

그런데 그 협회 홈페이지를 아무리 들여다봐도 양파가 정확히 여덟 겹이라는

단정적인 표현을 찾을 수 없었습니다.

양파가 몇 겹인지는 사실 그다지 중요하지 않습니다.

저에게 중요한 질문은 "왜 많은 사람들은 양파가 몇 겹인지를

궁금해하지 않을까?"였습니다.

춘장에 찍어도 먹고 된장에 찍어도 먹고, 이도 저도 마땅한 재료가 없을 땐

양파만 넣어서 된장국도 끓여 먹건만, 왜 우리는 양파가 몇 겹인지에

별 관심을 갖지 않았을까요?

한 가지 이유는 바로 '이름'입니다.

우리 뇌는 참 게으릅니다.

최소한의 노력을 들여 최대한 효율적으로 세상을 이해하고자 합니다.

이름은 효율성 추구에 아주 유용한 도구입니다.

사물에 어떤 이름을 붙이고 나면 뇌는 더 이상 그 대상에 관심을 갖지 않습니다.

양파에 '양파'라는 이름을 붙였기 때문에 더 이상 들여다보려 하지 않는 것입니다.

양파를 처음 보는 사람들은(어린아이들이 그렇죠) 머릿속에 양파라는 이름이

없기 때문에 자세히 들여다보고 "이게 뭐야?"라고 묻습니다.

혜민 스님은 멈춰야 비로소 보인다고 말씀하셨습니다.

심리학적으로 풀어보면, 이름을 떼고 봐야 비로소 멈추고 들여다본다고

할 수 있습니다.

쉽지 않겠지만 우리 주변의 사물들을 이름을 떼고 보는 연습을 해야겠습니다.

행복은 관심 있게 사물을 들여다보는 행위에서 나옵니다.

이름은 어쩌면 우리가 사물을 들여다보는 것을 방해하는

최대의 적일지 모릅니다.

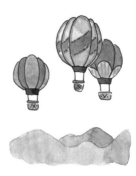

01 02 03 04 05 06 07 08 09 10 11 12
☐ ☐ ☐ ☐ ☐ ☐ ☐ ☐ ☐ ☐ ☐ ☐

mon

☐

☐

☐

tue

☐

☐

☐

wed

☐

☐

☐

.

.

.

.

thu

☐

☐

☐

fri

☐

☐

☐

sat

☐

☐

☐

sun

☐

☐

☐

*

*

*

*

사전 읽기를 권함

아주 곤혹스럽고 당황스러운 상황을 '대략난감'이라는 말로 표현해버리고 나면
신기하게도 그 상황을 바라보는 마음에 여유가 생겨납니다.
심지어 그 상황을 유머러스하게 볼 수 있는 계기를 만들어주기도 합니다.

"암 수술을 받게 되었으니 대략난감일세"라고 하는 선배의 말을 듣는 순간,
이 선배의 마음속에 있었으면 하는 여유와 희망이 이미 자리 잡고 있는 것 같아서
마음이 놓입니다.

윤종신의 〈내일 할 일〉이라는 노래의 가사를 보면 대략난감한 상황이 나옵니다.
내일 연인을 만나서 헤어지기로 한 어떤 청춘의 마음가짐을 그린 가사입니다.

> 이른 아침 일어나야 해
> 내일 우리들이 이별하는 날
> 평소보다 훨씬 좋은 모습으로 널 만나야겠어

이별하기 위해 일찍 일어나야 하는 상황, 이 얼마나 난감한가요.
이 노래의 가사에는 실제로 대략난감이라는 표현이 나오지는 않습니다.
그런데 만일 이 표현이 들어갔더라면 그 청춘의 마음에서 조금은 여유가
느껴졌을 것 같습니다.

어떤 상황에 이름을 붙이면 그 상황이 주는 정서적 영향력의 크기가 줄어든다는
연구가 있습니다.
안 좋은 상황일수록 조금 유머러스한 이름을 붙여보는 것이 좋습니다.
'대략난감'이라는 말을 제가 좋아하는 이유 중 하나입니다.

올 한 해 사전 읽기를 제안해봅니다.
단어를 많이 알수록 상황에 딱 맞는 적절한 단어를 떠올릴 수 있지 않을까요?
사전이 사전(死典)이 되어가고 있는 이 시대에
행복을 위해서 다시금 사전을 펼쳐봐야 할 것 같습니다.

01 02 03 04 05 06 07 08 09 10 11 12

☐　☐　☐　☐　☐　☐　☐　☐　☐　☐　☐　☐

---

mon

☐

☐

☐

---

tue

☐

☐

☐

---

wed

☐

☐

☐

.

.

.

.

thu

]

]

]

fri

]

]

]

sat

]

]

]

sun

☐

☐

☐

전사 vs. 천사

미국과 유럽은 2년마다 자존심을 건 골프 시합을 합니다.

남자 선수들 간의 대결은 '라이더컵(Ryder Cup)'이라고 부르고

여자 선수들 간의 대결은 '솔하임컵(Solheim Cup)'이라고 부릅니다.

대회를 처음에 만든 사람들의 이름을 따서 대회 이름을 지은 것입니다.

두 대륙 사이의 양보할 수 없는 자존심 대결이다 보니 매 대회마다

화젯거리를 만들어냅니다.

2015년 솔하임컵도 예외는 아니었습니다.

글자 그대로 각본 없는 드라마처럼 미국의 극적인 역전승으로 대회가 끝났는데요,

경기 결과보다 더 큰 화제가 된 것은 노르웨이의 여전사라 불리는

수잔 페테르센의 행동이었습니다.

통상 아마추어도 그렇고 프로 선수도 그렇고 상대방 퍼트 거리가 짧은 경우에는

성공한 것으로 인정하여 '컨시드(concede)'를 줍니다.

소위 말해 'OK'를 하는 것이지요.

상대 선수였던 앨리슨 리는 1미터가 채 안 되는 짧은 거리만을 남겨놓고 있었고,

유럽 팀 선수였던 페테르센과 헐은 다음 홀로 이미 이동을 시작한 상태였습니다.

따라서 앨리슨은 당연히 상대방이 컨시드를 주었다고 생각해서 자신의 볼을

그냥 집어 들고 말았습니다.

골프 규칙에 따르면 상대가 명확하게 컨시드를 주지 않은 상태에서

먼저 볼을 집게 되면 그 홀은 패하는 것이 됩니다.

아, 이 순간 페테르센은 건너지 말아야 할 강을 건너고 맙니다.

뒤돌아서서 심판에게 자신들은 컨시드를 주지 않았다고 지적한 것입니다.

보기에 따라서는 마치 함정을 파놓고 기다렸다는 듯이 행동한 것처럼

보일 수도 있었습니다.

물론 페테르센은 그럴 의도가 없었지만, 결과적으로
미국은 그 홀에서 패배합니다.
페테르센은 규칙은 규칙이라고 변명했지만 미국 팀 선수들은
페테르센의 행동이 매너를 저버린 것이라고 분개했고,
결국 그 분노의 힘으로 대역전극을 만들어냅니다.

페테르센에게도 억울한 면이 있습니다.
저는 평소 그 선수의 불타오르는 투지와 경쟁심을 좋아합니다.
상대를 압도하는 체격, 표정, 눈빛을 좋아합니다.
그래도 아쉬운 느낌을 지울 수 없는 건, 전사 같은 이미지의 페테르센이
그 순간에 천사처럼 웃으며 양보했다면 얼마나 멋졌을까라는 생각 때문입니다.
더군다나 자신은 산전수전 다 겪은 베테랑이고 상대방은 막 등장한
루키이기 때문에 더 아쉽습니다.

전사와 천사. 글자로 써놓고 보면 한 끗 차이인데 그 간극은 결코
메워지지 않을 만큼 큽니다.
평소에 당신은 전사인가요.
그럼 어느 순간 씩 웃으며 천사처럼 행동해보세요.
자신도 놀라고 주위도 놀라고 우리 모두는 당신의 뜻밖의 반전으로
행복할 것입니다.

01 02 03 04 05 06 07 08 09 10 11 12
☐　☐　☐　☐　☐　☐　☐　☐　☐　☐　☐　☐

mon

☐

☐

☐

tue

☐

☐

☐

wed

☐

☐

☐

.

.

.

.

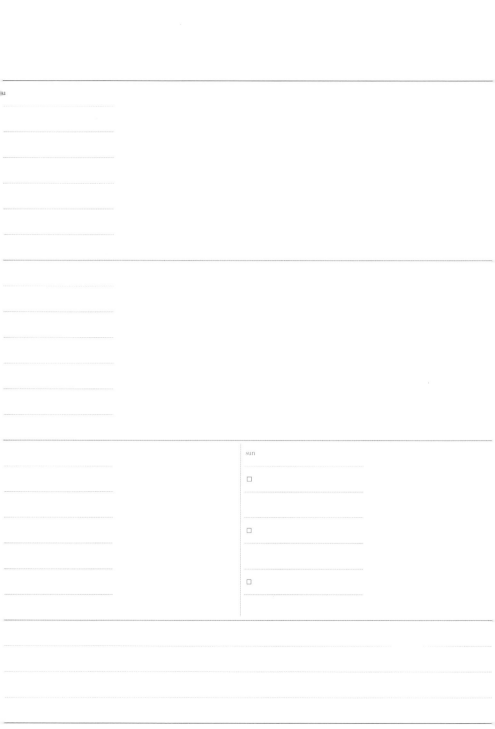

sun

☐

☐

☐

좀 몰라도 됩니다

하버드 대학 교수 대니얼 길버트의 연구에 따르면
마음이 떠돌아다니는 상태는 행복하지 않습니다.
한마디로 딴생각이 많으면 행복을 경험하기가 쉽지 않다는 것입니다.

마음이 방황하지 않기 위해서는 적어도 두 가지가 필요합니다.
하나는 한결같은 뜻을 정하는 것이고요. 다른 하나는 불필요한 방해 자극들을
무시할 수 있는 용기를 갖는 것입니다.
우리는 스마트폰 때문에 인생에 도움이 전혀 안 되는 것들을
너무 많이 알고 있습니다.
각종 루머들, 연예인들의 사생활, 이런 것들을 왜 우리가 다 알아야 할까요?

제가 좋아하는 사람 중에는 TK, PK가 뭔지도 모르는 사람이 있습니다.
아주 어린 친구라면 그럴 수도 있겠다 싶지만,
벌써 서른을 넘긴 사람이 그렇다 보니 처음엔 좀 의아했습니다.
속으로 이 친구는 신문도 안 보며 사나 하고 생각했는데
정말로 신문을 안 보더군요.

그런데 곰곰 생각해보면 모르면 안 되는 이유는 없습니다.
이 세상 '모든 것'에 대한 지식은 추구할 만한 대상이지만
딱히 관심 없는 것들에 대해서는 알고 싶지 않다는 선택도 존중되어야 합니다.
불필요한 것들에 대해서는 과감하게 눈과 귀를 닫는 용기가 필요합니다.

만일 누군가가 TK, PK도 모르는 제 지인을 비난한다면
저는 지인의 편에 설 것입니다.
행복은 마땅히 알아야만 하고
마땅히 해야만 하는 것들을
무작정 늘리지 않는 데에서 나오니까요.

01 02 03 04 05 06 07 08 09 10 11 12

☐ ☐ ☐ ☐ ☐ ☐ ☐ ☐ ☐ ☐ ☐ ☐

mon

☐

☐

☐

tue

☐

☐

☐

wed

☐

☐

☐

.

.

.

.

thu

☐

☐

☐

fri

☐

☐

☐

sat

☐

☐

☐

sun

☐

☐

☐

Happy Check List

□ 이번 달 나의 하이라이트

□ 나를 행복하게 만든 것

□ 남을 행복하게 만든 것

□ 기타

Happy Note

그래도 행복을 연습하는 이유

20

01 02 03 04 05 06 07 08 09 10 11 12

	sunday	monday	tuesday
MEMO	—	—	—
	—	—	—
	—	—	—
	—	—	—
	—	—	—

wednesday	thursday	friday	saturday
—	—	—	—
—	—	—	—
—	—	—	—
—	—	—	—
—	—	—	—

세상이라는 종이책 읽기

김무곤 교수의 『종이책 읽기를 권함』이라는 책에는 종이책을 읽는
소소한 즐거움들이 잘 묘사되어 있습니다.
우선 책장을 넘길 때의 촉감이 좋고요,
바스락거리는 소리도 빼놓을 수가 없습니다.
그러나 뭐니 뭐니 해도 밑줄 치는 즐거움이 제게는 으뜸입니다.
마음에 쏙 드는 단어나 표현을 만나게 되었을 때 밑줄을 치는 행복은
종이책이 아니면 경험하기 어렵습니다.
밑줄을 침으로써 그 대상을 더 잘 기억할 수 있다는 장점도 있지만,
밑줄을 치고 있는 스스로를 대견스러워한다는 부수입도 있습니다.
세상에 대하여 빈곤한 청취자로 머물러 있지 않다는 뿌듯함을
느낄 수 있는 것입니다.

세상이라는 종이책.
그 거대한 책에서 우리로 하여금 밑줄을 치지 않고는 못 배기게 하는 사람과
풍경을 만난다는 건 행복 중의 행복입니다.
심리학에서는 이처럼 밑줄을 치는 심리적 행위를 '음미하기(savoring)'라고
부릅니다. 마음의 저장고에 오래오래 보관한다(save)는 뜻입니다.

탐나는 사람을 만나본 적 있나요?
탐나는 선경(仙境)을 본 적 있나요?
있다면 밑줄을 치신 겁니다.

01 02 03 04 05 06 07 08 09 10 11 12

☐ ☐ ☐ ☐ ☐ ☐ ☐ ☐ ☐ ☐ ☐ ☐

mon

☐

☐

☐

tue

☐

☐

☐

wed

☐

☐

☐

.

.

.

.

hu

☐

☐

☐

ri

☐

☐

☐

at

☐

☐

☐

sun

☐

☐

☐

인격은 가정의 차이

행복한 삶을 'Happy life'라고 정의하면 행복은 인격과 무관합니다.

행복하기 위해서 반드시 인격자일 필요는 없기 때문입니다.

누군가가 행복하다는 말이 그가 인격자라는 걸 의미하지도 않습니다.

그러나 행복한 삶을 'Good life'라고 정의하면 이야기가 달라집니다.

우리가 추구하는 삶이 좁은 의미의 'Happy life'가 아니라

넓은 의미의 'Good life'라면 행복과 인격은 결코 따로 떼어 생각할 수 없습니다.

인격의 차이는 실은 가정(假定)의 차이입니다.

인격자는 좋은 가정을 하는 사람이고

비인격자는 나쁜 가정을 하는 사람입니다.

누군가가 약속을 어겼을 때

인격자는 그 사람에게 피치 못할 사정이 있을 것이라고 가정합니다.

그러나 비인격자는 그 사람이 자기를 무시한다고 가정합니다.

큰돈을 기부하는 사람을 보고 인격자는

기부자의 인격이 훌륭할 것이라고 가정합니다.

그러나 비인격자는 절세를 위한 궁여지책이라고 가정합니다.

인격을 쌓는 길은 우리가 세상에 대해 가지고 있는 가정들을

하나씩 점검하는 과정입니다.

01 02 03 04 05 06 07 08 09 10 11 12
☐   ☐   ☐   ☐   ☐   ☐   ☐   ☐   ☐   ☐   ☐   ☐

mon

☐

☐

☐

tue

☐

☐

☐

wed

☐

☐

☐

.

.

.

.

u

sun

☐

☐

☐

'현재의 나'가 '미래의 나'를 방해하다

여행의 즐거움 중 하나는 역시 먹는 즐거움입니다.

먹는 즐거움은 비단 여행 중에만 맛볼 수 있는 것이 아니지만

여행 중 먹기에는 특별한 즐거움이 있습니다.

바로 하루 종일 먹는 것을 생각해도 죄책감이 들지 않는다는 점입니다.

아침을 먹으면서 점심은 뭐 먹을까를 생각합니다.

점심을 먹는 도중에 벌써 저녁에 먹을 것을 정합니다.

그래도 죄책감이 들지 않습니다.

그저 어깨만 한번 으쓱하면 민망함도 금세 없어집니다.

여행만이 줄 수 있는 즐거움입니다.

그런데 이 즐거움이 현실에서는 실망으로 바뀔 때가 있습니다.

바로 현재의 나는 미래의 내가 하게 될 경험과 나의 반응을

백 퍼센트 예측하지 못한다는 치명적인 약점 때문에 그렇습니다.

아침을 먹고 있는 상태에서 생각한 점심 메뉴는

현재의 내가 좋아하는 메뉴입니다.

네다섯 시간 지나서 점심때가 되면 그때의 나는 그 메뉴를 싫어할 수도 있습니다.

아침으로 커피와 토스트를 먹고 있는 현재의 나는 점심때의 내가

구수한 된장찌개를 먹고 싶어 할 것이라고 예측합니다.

그런데 커피와 토스트가 다 소화되고 난 후의 나는 또다시

양식이 먹고 싶어질 수도 있습니다.

현재의 내가 미래의 나를 방해해서는 안 됩니다.

현재와 미래 사이에 존재하는 시간의 힘을 과소평가해서도 안 됩니다.

그 시간이 미래의 나를 현재의 나와는 전혀 다른 존재로 만들어버릴 수

있기 때문입니다.

또한 이는 우리가 너무 성급하게 절망해서는 안 되는 이유이기도 합니다.

현재의 내가 지금 절망한다고 해서 미래의 나도 절망할 것이라고

단정해서는 안 됩니다.

지금 이 순간에도 미래의 나는 현재의 나에게 절규하듯 요청합니다.

자신이 내릴 선택을 대신해서 내리지 말아달라고.

01 02 03 04 05 06 07 08 09 10 11 12
☐ ☐ ☐ ☐ ☐ ☐ ☐ ☐ ☐ ☐ ☐ ☐

mon

☐

☐

☐

tue

☐

☐

☐

wed

☐

☐

☐

.

.

.

.

thu

☐

☐

☐

fri

☐

☐

☐

sat

☐

☐

☐

sun

☐

☐

☐

per se, 본질을 추구하는 마음

per se—그것 자체

제가 사랑하는 표현 중에 'per se'가 있습니다.
제 정체성의 일부라고 해도 과언이 아닐 정도로 좋아하는 표현입니다.

예를 들어 다음 문장을 살펴보겠습니다.
The drug is not harmful per se,
but is dangerous when taken with alcohol.
해석하면, 이 약이 '그 자체로는' 해롭지 않지만 술과 함께 복용하면
위험하다는 뜻입니다.

만일 어떤 연구자가 당근 주스를 하루 세 잔씩 마시면 건강에 좋다는 연구를
발표했다고 가정해본다면 우리 머릿속에는 당장 몇 가지 의문이 떠오를 것입니다.

1. 꼭 당근 주스의 효과인가? 사과 주스 세 잔은 효과가 없을까?
2. 꼭 주스의 효과인가? 어떤 음식이든 규칙적으로 먹고 마시면
   다 효과가 있는 것이 아닌가?
3. 꼭 먹는 것의 효과인가? 음식이 아니더라도 규칙적으로 어떤 행동을 하면
   효과를 볼 수 있는 것이 아닌가?

이런 의문들은 우리 마음이 per se를 추구하고 있음을 나타냅니다.

하상욱의 『시 읽는 밤 : 시 밤』에 나오는 시입니다.

  그리운 건

  그대일까

  그때일까

그리움의 대상이 그 사람 자체(per se)인지, 아니면 꼭 그 사람이 아니어도

괜찮은 것인지를 확인해보려는 마음을 잘 표현하고 있습니다.

한마디로 per se는 우리의 분석적 마인드를 표현하는 도구입니다.

행복은 단순한 즐거움을 넘어서서 강렬한 호기심까지 포함합니다.

결국 per se의 마인드는 우리를 분석의 행복으로 이끄는 도구인 셈입니다.

01 02 03 04 05 06 07 08 09 10 11 12

☐ ☐ ☐ ☐ ☐ ☐ ☐ ☐ ☐ ☐ ☐ ☐

mon

☐

☐

☐

tue

☐

☐

☐

wed

☐

☐

☐

.

.

.

.

thu

☐

☐

☐

fri

☐

☐

☐

sat

☐

☐

☐

sun

☐

☐

☐

·

·

·

·

그래도 행복을 연습하는 이유

"이불 좀 개"라는 아내의 잔소리에 "어차피 저녁에 또 잘 거잖아"라며
투덜대는 아이의 모습을 보고 가끔은 저도 '그러게 말이야'라며
(속으로) 저항한 적이 있습니다.
저녁에 도로 누울 잠자리를 왜 아침마다 정리해야 하는 걸까요?
어떤 사람들은 행복에 대해서도 이와 유사한 냉소적 태도를 보입니다.
우리가 어떤 일에 최선을 다함으로써 보람을 느끼거나
결혼 혹은 승진과 같은 사건으로 우리의 행복 수준이 일시적으로 상승했다 해도
머지않아 결국 제자리로 돌아오기 마련이라면,
굳이 '행복 다이어리'를 써가면서까지 행복해지고자 노력할 필요가 있을까요?

이 질문에 대한 첫 번째 답은 아주 간단합니다.
예컨대 불과 한 달 만에 행복감이 제자리로 돌아온다 하더라도
행복했던 한 달은 그것 자체로 매우 소중하기 때문입니다.
그 한 달을 경험한 사람의 행복 수준이 그렇지 않은 사람의 행복 수준과
결국 같아진다 하더라도 전자가 후자보다 더 나은 삶을 살았다고 할 수 있습니다.
어차피 위장에 들어가면 다 똑같다는 이유로 아무거나 먹기보다는
조금이라도 맛있어 보이는 음식을 먹고자 하는 것과 같은 이치입니다.

그러나 우리가 날마다 조금이라도 더 행복해지기 위해 노력해야 하는 데에는
그보다 더 중요한 이유가 있습니다.

내가 행복해진 어느 날에

누군가 나를 보고 용기와 희망을 갖게 될 수도 있기 때문입니다.

내가 행복해진 어느 달에

누군가 나를 보고 행복해지기로 결심할 수도 있기 때문입니다.

내가 행복해진 어느 해에

누군가 나를 보고 삶의 의미를 더 깊게 생각할 수도 있기 때문입니다.

행복한 삶은

현재에 존재하는 즐거움을 '발견'하고

과거에 존재했던 고마움을 '기억'하고

미래에 다가올 기쁨을 '기대'하는 것입니다.

『Present』를 통해 올 한 해도 발견하고 기억하고 기대하는 행복이

충만하셨기를 기원합니다.

01 02 03 04 05 06 07 08 09 10 11 12

☐ ☐ ☐ ☐ ☐ ☐ ☐ ☐ ☐ ☐ ☐ ☐

mon

☐

☐

☐

tue

☐

☐

☐

wed

☐

☐

☐

·

·

·

·

thu

☐

☐

☐

fri

☐

☐

☐

sat

☐

☐

☐

sun

☐

☐

☐

Happy Check List

□ 이번 달 나의 하이라이트

□ 나를 행복하게 만든 것

□ 남을 행복하게 만든 것

□ 기타

Happy Note !

note

World Map

Personal
Reminders

name _____

birthday _____

address _____

mobile _____

e-mail _____

extra _____

Present

1판 1쇄 인쇄 2016년 5월 25일
1판 9쇄 발행 2024년 1월 26일

글 최인철
그림 긴
펴낸이 김기옥

디자인 ZINO DESIGN 이승욱
인쇄 · 제본 공간

펴낸곳 한스미디어(한즈미디어(주))
주소 04037 서울특별시 마포구 양화로 11길 13(서교동, 강원빌딩 5층)
전화 02-707-0337 | 팩스 02-707-0198 | 홈페이지 www.hansmedia.com
출판신고번호 제 313-2003-227호 | 신고일자 2003년 6월 25일

ISBN 979-11-6007-884-8 13320

.